Hermann Maass

Der Seelenwolf

WV

Hermann Maass

Der Seelenwolf

Das Böse wandelt sich in positive Kraft

Erfahrungen
aus der aktiven Imagination

Walter-Verlag
Olten und Freiburg im Breisgau

Gesamtherstellung in den grafischen Betrieben des Walter-Verlags
Printed in Switzerland

ISBN 3-530-54311-X

Inhalt

Vorwort

Dieses kleine Buch handelt von der Schwierigkeit, mit dem «Bösen» umzugehen. Als Grundlage dienen Ausschnitte aus der Psychotherapie von vier männlichen Jugendlichen, die zu verschiedenen Zeiten und aus unterschiedlichen Gründen zur Therapie gekommen waren. Ein Problem war ihnen allen gemeinsam: Sie hatten keinen Weg gefunden, mit dem Bösen in der eigenen Psyche umzugehen, hatten versucht, es im Unbewußten zu blockieren, und das war ihnen nicht gut bekommen. Eine weitere Gemeinsamkeit bestand darin, daß in der bildhaften Darstellung jedesmal ein Wolf – oder mehrere – als Symbolfigur für das Böse in Erscheinung trat. Diese Parallelen waren ein Grund, der mich zur Zusammenstellung der Fälle veranlaßt hat. Ein anderer Grund liegt in der Überzeugung, daß der Umgang mit dem Bösen – ob es nun als Aggressivität auftritt oder als Angst – zu einem wichtigen Problem unserer Zeit wird oder schon geworden ist.

Alle Therapien wurden mit «aktiver Imagination» durchgeführt. Dabei werden die aufsteigenden inneren Bilder konkret als eine andere Realität erlebt, und der Patient tritt selbst als handelnde Person auf. Bei der von mir bevorzugten Technik (dargelegt in meinem Buch «Der Therapeut in uns») geht man von der Vorstellung aus, man befinde sich in einer Märchenwelt. Märchen und Mythen sind seit jeher die Mittel, die von der Seele für ihre Selbstdarstellung benutzt werden. Das dürfte der Grund dafür sein, daß auf diese Weise ganz von selbst fortlaufende dramatische Geschichten entstehen, in denen das Ich mit der unbewußten Psyche konfrontiert wird.

Die Art, wie das Unbewußte sich darstellt, ist nicht zufällig, sondern planmäßig. Sie wirkt, als steuere jemand ein bestimmtes Ziel an. Was daraus wird, das hängt allerdings in erster Linie von den Reaktionen des Ich ab. Wenn es sich in den Plan einfügt, ergibt sich ein Fortschritt auf dem Weg der inneren Entwicklung. Wenn es das Angebot zurückweist, bleibt alles beim alten – wenigstens bis zum nächsten Versuch; denn das Unbewußte läßt sich nicht abschrecken und sucht stets nach neuen Möglichkeiten. Einer der vier zitierten Fälle war ein therapeutischer Mißerfolg. Am jeweils falschen Verhalten des Ich zeigt sich besonders klar, worauf es ankommt und was richtig gewesen wäre.

Die Wiedergabe der imaginierten Geschichten erfolgt in Form einer Zusammenfassung, die sich auf das Wesentliche beschränkt. Meist handelt es sich um ein Kapitel aus einer erheblich längeren Imaginations-Serie. Es geht mir nicht um die Formulierung kompletter Fall-Studien, sondern um die Darstellung unterschiedlicher Reaktionen verschiedener Menschen auf das prinzipiell gleiche Problem. Aus diesem Grund habe ich mich auch bei den allgemeinen Angaben über Person und Milieu auf das Nötigste beschränkt.

Die ersten drei Kapitel enthalten Überlegungen über die Struktur der Psyche und ihre spontane Selbstdarstellung in Märchen und Imaginationen. Sie sollen dem Leser einen Einblick in die theoretischen Vorstellungen geben, die meinen Kommentaren zu den Geschichten der Patienten zugrunde liegen.

Ich versuche nicht herauszufinden, was das Böse wirklich ist. Ich beobachte bei meiner Tätigkeit als Psychotherapeut, daß viele Menschen das Böse an Stellen vermuten, wo es gar nicht ist, und es übersehen, wo es sich deutlich bemerkbar macht. Und ich versuche zu zeigen, wie sich das ändern läßt.

Hermann Maass

SYMBOLSPRACHE DER SEELE

Zur Struktur der Psyche

Die Zweiteilung der menschlichen Psyche in einen bewußten und einen unbewußten Anteil ist in der modernen Psychologie wohl unbestritten. Dabei ist das Bewußtsein weitgehend identisch mit dem, was wir als «Ich» erleben. Über Umfang, Ausdehnung und Bedeutung des Unbewußten herrscht dagegen noch erhebliche Unklarheit. Der in der Literatur zuweilen gebrauchte Ausdruck «unterbewußt» wird in der psychologischen Fachsprache heute nicht mehr verwendet. Er bedeutet dasselbe wie «unbewußt».

Im Freudschen Modell, das die Psyche* in die drei Teile Es, Ich und Überich zerlegt, erscheint das Unbewußte* durch die unbestimmte Bezeichnung «Es» als etwas Unstrukturiertes, Amorphes. Jedermann ist bekannt, daß es die Triebe enthält und das sogenannte «Verdrängte»*, das heißt Inhalte, die das Ich* einmal wahrgenommen hat, aber nicht wahrhaben will, und die es deshalb ins Unbewußte abgeschoben hat.

C.G. Jung hat die Psyche in ihrer Gesamtheit als ein sich selbst regulierendes energetisches System von unabsehbarer Ausdehnung bezeichnet. Er unterscheidet im Unbewußten zwei große Bereiche, den persönlichen und den überpersönlichen, den er das «kollektive Unbewußte» nennt. Dieser letzte Teil ist allen Menschen gemeinsam und enthält den Niederschlag der gesamten menschlichen Kultur. Das bedeutet unter anderem, daß es im Unbewußten jedes einzelnen einen Wissensvorrat gibt, den er nicht individuell erworben hat. Persönliches* und kollektives* Unbewußtes sind nicht streng

* Psychologische Begriffe sind in jedem Kapitel bei ihrem ersten Vorkommen mit Sternchen gekennzeichnet und am Schluß des Buches im Glossar nochmals erklärt.

voneinander getrennt, sondern gehen auf unerkennbare Weise ineinander über.

Das Unbewußte hat eine innere Struktur, das heißt, es setzt sich aus Teilen zusammen, die man unterscheiden kann. Das sind die Komplexe*. Der Begriff «Komplex» als Bezeichnung für einen Inhalt des Unbewußten ist von Jung schon sehr früh eingeführt und von Freud übernommen worden, z.B. als Vater- bzw. Mutterkomplex oder als Ödipuskomplex. Ursprünglich war der Ausdruck für negative psychologische Erscheinungen reserviert – auch «verdrängte» oder «abgespaltene* Komplexe» genannt. In die Umgangssprache ist der «Minderwertigkeitskomplex» eingegangen. Später kam Jung zu der Überzeugung, daß Komplexe an sich normal sind und daß sie das Unbewußte strukturieren. Krankhafte Erscheinungen entstehen durch Störungen in der Verbindung zwischen einem Komplex und dem Ich. Dann kann ein Mensch zu Handlungen veranlaßt werden, die sein Bewußtsein nicht wollte und manchmal nicht einmal bemerkt.

Die Komplexe sind energiegeladen, was sich dem Bewußtsein als Gefühl oder Affekt* bemerkbar macht. Sie haben die Neigung, sich zu personifizieren, und erscheinen dann in Träumen oder Imaginationen* als Menschen oder Tiere. Um sie in ihrer Qualität zu unterscheiden, hat Jung diesen Figuren Namen gegeben. Alle Gestalten, die dem gleichen Geschlecht angehören wie das Ich, werden als «Schatten»* bezeichnet und die vom anderen Geschlecht als «Anima»* (beim Mann) oder «Animus»* (bei der Frau). Diese Namen sagen noch nichts über die individuelle Bedeutung aus, die jede einzelne Figur für den Menschen hat, dem sie als inneres Bild erscheint. Sie sind Gattungsbegriffe, deren Sinn darin besteht, die inneren Gestalten als Elemente der doppelgeschlechtlichen Struktur der Psyche erkennbar zu machen.

Die Unbestimmtheit der Grenze zwischen persönlichem und kollektivem Unbewußten zeigt sich auch darin, daß Animus und Anima vor allem, aber auch manche Schattenfiguren weit über das persönliche Unbewußte hinausreichen können. Das macht sich beispielsweise in der Weise bemerkbar, daß die Anima eines bestimmten Mannes einmal als harmlose Frau auftritt, ein anderes Mal als Hexe und schließlich vielleicht als Göttin. Hexe und Göttin sind Inhalte des kollektiven Unbewußten. In diesem Fall drücken sie jedoch gleichzeitig eine Qualität aus, die dem Weiblichen in der individuellen Psyche dieses Mannes anhaftet.

Die Psyche jedes Menschen in ihrer Gesamtheit, Unbewußtes wie Bewußtsein, ist auf ein Zentrum ausgerichtet, das Jung als «Selbst»* bezeichnet hat. Es ist im Unbewußten lokalisiert und kann nur indirekt wahrgenommen werden. Es ist eng mit der religiösen Funktion verbunden, die in jedem Menschen wirksam ist, auch wenn sein Bewußtsein das leugnet.

Wenn man eine bestimmte Form der «aktiven Imagination»* (s. Kap. Märchen und Imagination) zum zentralen Element der Psychotherapie macht, dann entwickeln sich von selbst, das heißt durch die schöpferische Phantasie des Unbewußten, Geschichten von märchenhaftem oder mythologischem Charakter, in denen die innere Struktur der Psyche sich deutlich abbildet. Man erkennt gewisse «Konstruktionsfehler», die sich diagnostisch verwerten lassen, und man sieht, wie das Unbewußte bestrebt ist, die gegebene Struktur zu verbessern.

Die Psyche erscheint dabei als ein äußerst komplexes System voller Leben, das sich selbst organisiert und das sehr beweglich ist. Die Impulse zur Veränderung scheinen von einer Zentrale auszugehen und werden durch die unterschiedlichsten «Boten» an das Ich übermittelt. Bei manchen Menschen erscheint ein alter Mann (der sog. «alte Weise»), der über alles informiert ist, was die innere Welt betrifft, und für jedes Problem in diesem Bereich eine Lösung weiß. Er verfügt über eine bedeutende Macht – aber das Ich ist von ihm unabhängig. Allerdings tut es gut daran, auf ihn zu hören.

Die Ausdehnung der inneren Welt ist meist unbestimmbar.

Häufig gibt es mehrere deutlich unterscheidbare Schichten, die in der Imagination oft so dargestellt werden, als seien sie räumlich übereinander angeordnet. Der Übergang von einer zur nächsten wird dann als Aufstieg oder Abstieg erlebt, den das Ich unternimmt. Aber die Anordnung kann auch auf der gleichen Ebene nebeneinander erfolgen. Unter Umständen ist eine lange Wanderung nötig, um von einer Schicht zur benachbarten zu gelangen. An die Stelle des Weges kann die Zeit treten, die verschiedene Strukturen trennt. So gibt es eine Rückkehr in die Vergangenheit oder die Wiederbelebung von Toten, was mir die gleiche Bedeutung zu haben scheint wie das Eintauchen in eine tiefere Schicht. Garnicht selten erscheint das Paradies als Darstellung eines Nullpunktes, von dem aus etwas Neues beginnt. Auch Wiedergeburtssymbolik kommt mit einer gewissen Regelmäßigkeit vor.

Die Schicht im Unbewußten, die dem Bewußtsein am nächsten liegt, wird hauptsächlich von menschlichen Gestalten bewohnt. Dabei sind zwei Zentren deutlich unterscheidbar. Eines davon ist ganz individuell und enthält nur wenige Personen. Aus Zahl, Alter und Geschlecht läßt sich schon einiges über den Stand der inneren Entwicklung der imaginierenden Person ablesen. Das andere Zentrum ist kollektiv; es wird durch die Bevölkerung eines Dorfes, einer Stadt oder eines Volksstammes personifiziert. Die Beziehung des Ich zu diesem menschlichen Kollektiv ist das Vorbild für seine sozialen Beziehungen in der Realität.

Eine weitere Schicht pflegt von Tieren verschiedener Art bevölkert zu sein. Sie repräsentieren die natürlichen Instinkte*, von denen manchmal behauptet wird, der Mensch habe sie längst verloren. Allerdings hat sich durch die Entwicklung des Bewußtseins etwas Wesentliches verändert. Der Mensch hat die Fähigkeit erworben, die instinktiven Impulse anzunehmen oder abzulehnen, wenn er sie verspürt. Das Tier dagegen muß ihnen folgen. Manche Menschen haben gelernt, gewisse Instinktregungen gar nicht zu registrieren. Das ist ein neurotisches* Phänomen, bei dem die notwendige Steuerung durch absolute Abwehr ersetzt worden ist. In den nachfolgenden Geschichten finden sich genügend Beispiele dafür. Die Instinkte enthalten die psychische Energie des Unbewußten, und das bewußte Ich kann lernen, sie sinnvoll anzuwenden.

Die tiefste oder am weitesten entfernte Schicht – es können auch mehrere sein – hat magischen Charakter. Sie ist belebt von Märchenfiguren und mythologischen Gestalten aller Art. Dabei fällt auf, daß gar nicht selten Figuren aus sehr alten oder fremden Religionen auftauchen, von deren Existenz und Bedeutung das Bewußtsein keine oder nur eine sehr vage Ahnung hat. Sie entstammen dem kollektiven Unbewußten.

Diese verschiedenen Schichten oder Ebenen sind nicht genau gegeneinander abgegrenzt, sondern durchdringen sich vielfach, und die individuellen Unterschiede sind groß. Aber immer handelt es sich um das Modell einer Welt, die gewisse Ähnlichkeiten mit der realen Welt oder Teilen davon aufweist. Das legt die Vermutung nahe, daß die inneren Bilder der Realität nachempfunden sind. Allerdings könnte dieser Schluß auch voreilig sein. Es scheint mir denkbar, daß die äußere Welt, in der wir leben, ihre Struktur erst durch die inneren Bilder erhält, die zur unbewußten Psyche gehören.

Die auftretenden Figuren haben Symbolcharakter und sind Elemente der inneren Struktur. In einer der nachfolgenden Geschichten zum Beispiel kommt ein Wolf vor, der halbverhungert in einer Höhle liegt, aus der er ohne Hilfe nicht herauskann. Das ist ein abgespaltener Komplex, ein Bild natürlicher, instinktiver Aggressivität, die auf ganz unnatürliche Weise eingesperrt ist. Ein klarer Strukturfehler, der leicht zu beheben sein sollte. Das stimmt jedoch nur, wenn man von den Gefühlen absieht, die im Ich wirksam sind. Der Wolf ist ja nur deshalb eingesperrt, weil das Ich Angst vor der eigenen

Aggressivität hatte, und es hat nicht die geringste Neigung, ihn zu befreien. Wenn es in der Imagination die Höhle betritt und ihn unerwartet vor sich sieht, so bekommt es Angst, er könne es angreifen. Das ist im Grunde die Angst vor der eigenen natürlichen Aggressivität, und sie bestimmt die Einstellung des Ich gegenüber dem Wolf.

Aber das Ich hat die Aufgabe, den Wolf zu befreien, denn nur auf diese Weise kann die innere Struktur korrigiert werden. Das Problem ist unlösbar, wenn das Ich seine Einstellung nicht ändert. Es muß die Angst überwinden und für das Schicksal des Wolfes Interesse gewinnen. Es sollte sogar versuchen, eine positive Beziehung zu ihm herzustellen. Wenn das gelingt, kommt es zu einer grundlegenden und bleibenden Wandlung.

Der eigentliche Sinn der imaginierten Geschichten besteht stets darin, Fehler in der inneren Struktur aufzudecken und Korrekturen herbeizuführen. Das ist nur möglich unter aktiver Beteiligung des Ich. Es erscheint auch logisch, daß die Instanz, die für die Fehlentwicklung verantwortlich ist, und das ist stets das Ich, den Neuanfang in Gang bringt.

Um Mißverständnisse zu vermeiden, möchte ich betonen, daß hier nur von den Vorgängen in der psychischen Innenwelt die Rede ist. Natürlich ist mir bewußt, daß sich das menschliche Ich in der Kindheit in einem Reifungsprozeß entwickelt, der ohne die Einwirkung einer Außenwelt – Familie und Gesellschaft – gar nicht ablaufen könnte. Ich weiß auch, daß negative Einwirkungen von außen das reifende Ich dazu veranlassen können, so zu reagieren, daß daraus ein Fehler in der inneren Struktur entsteht. In diesem Fall liegt die Ursache außen. Aber ob das Ich von außen zu einer falschen Reaktion der eigenen Psyche gegenüber gebracht worden ist oder ob seine eigene Schwäche schuld war, in jedem Falle muß es die Folgen selber tragen.

Die Innenwelt, in der sich das Ich in der Imagination bewegt, erscheint stets als ein völlig unbekanntes Gelände. Die Repräsentanten des Unbewußten dagegen befinden sich sozusagen bei sich zuhause. Deshalb ist es nur vernünftig, wenn das Ich sich von ihnen an die Stelle führen läßt, wo der Fehler sichtbar wird. Wenn es das Problem erkannt hat, dann allerdings muß es eine Entscheidung treffen, die ihm niemand abnimmt. – Was das praktisch bedeutet, läßt sich an der oben erzählten Episode erläutern: Das Ich kennt weder den Wolf noch die Höhle, in der er liegt. Deshalb braucht es einen Führer, um die Stelle zu finden. Wenn es dort angelangt ist, muß es sich entscheiden, ob es das Risiko auf sich nehmen will, sich dem gefährlichen Raubtier zu nähern. Niemand zwingt es dazu, aber es ist auch niemand da, der ihm das abnimmt.

Nach dem Gesagten leuchtet wohl ohne weiteres ein, daß es für das Ich ratsam ist, den Gefühlen, die es einer neu auftauchenden Figur gegenüber spontan empfindet, grundsätzlich zu mißtrauen. Vor allem wenn diese Gefühle Ablehnung signalisieren, sind sie fast immer unangebracht. Den inneren Figuren dagegen darf das Ich vertrauen. Sie lügen nie, sondern sie geben sich, wie sie sind. Aber sie können sich ändern, wenn das Ich seine Einstellung ändert, und sie sind sehr wandlungsfähig.

Ein zweites Beispiel soll die Frage der inneren Struktur und die Möglichkeiten des Strukturwandels weiter erläutern. Es stammt aus der gleichen Imaginations-Serie wie das Bild des Wolfs, aber aus einem anderen Kapitel, das hier nicht wiedergegeben ist.

Der Jugendliche kommt in ein Dorf, das an einem See liegt. Die Bewohner sind Fischer. Er erfährt, daß sie weder Gemüse noch sonstige Früchte anbauen dürfen, obwohl sie genügend fruchtbares Land haben. Sie müssen einen anderen Volksstamm am jenseitigen Ufer des Sees mit Fischen versorgen und bekommen dafür, was sie zum Leben brauchen. Ihre Kinder leben nicht bei den Eltern, sondern ebenfalls bei dem anderen Volksstamm in einem Internat, in dem sie ganz iso-

liert sind. Der junge Mann sucht den Herrscher auf, der das alles bestimmt hat, und erreicht eine vollständige Neuordnung. Die Kinder kehren zu ihren Eltern zurück, und die Fischer werden zugleich wieder Bauern, wie sie es früher gewesen waren. – Natürlich ging das nicht im Handumdrehen, sondern war die Folge einer intensiven Bemühung.
Es bedarf wohl keiner weiteren Erläuterung, daß auch hier ein deutlicher Strukturwandel stattgefunden hat. Nur handelt es sich diesmal nicht um den individuellen, sondern um den sozialen Bereich. Für das Empfinden des Patienten war das Anfangsbild eine ziemlich realistische Darstellung der Welt, in der er lebte. Psychologisch betrachtet sieht es jedoch etwas anders aus: Es war ein unbewußtes inneres Bild, das er nach außen projizierte*. Solange es unbewußt blieb, konnte es sich nicht verändern, und deshalb sah er keine Möglichkeit, sich in die Umwelt, die ihm hoffnungslos negativ erschien, einzuordnen. Nachdem er in der Imagination das Dorf besucht, das Problem zu seinem eigenen gemacht und es dann durch aktives Eingreifen gelöst hatte, veränderte sich auch seine eigene äußere Situation grundlegend. Die Gesellschaft, in der er lebte, veränderte sich gewiß nicht. Aber er sah plötzlich Möglichkeiten, seinerseits auf sie einzuwirken, die ihm früher verborgen geblieben waren. Das Gefühl der Hoffnungslosigkeit verschwand, und damit wurden die Integrationsschwierigkeiten lösbar.
Für den Therapeuten ergibt sich aus der Betrachtung der Strukturprobleme ein größeres Verständnis für die Widerstände und Abwehrreaktionen, die der Patient entwickelt, und damit bessere Möglichkeiten, ihm bei ihrer Überwindung zu helfen.
Gleichzeitig verlieren die kausalen Zusammenhänge an Gewicht, was mir ein Vorteil zu sein scheint. Die meisten Patienten neigen dazu, die Schuld für ihre Probleme außen zu suchen, bei den Eltern, der Umwelt usw. Sie müssen aber lernen, die Verantwortung für die eigene Person selbst zu über-

nehmen, ganz unabhängig von der Frage nach der Ursache für diese oder jene Erscheinung und bei jeder Therapieform. Wenn sie ganz direkt erleben, wie schief ihre innere Struktur an manchen Stellen ist und daß nur sie selbst sie ins Lot bringen können, dann lernen sie gewissermaßen automatisch, sich für die eigene Entwicklung verantwortlich zu fühlen.

Psyche und Märchen

Märchen sind ursprünglich Geschichten für Erwachsene, und zwar bedeutsame Geschichten. Das blieben sie seit einer fernen Vorzeit bis etwa zum Ausgang des Mittelalters. Dann wurden sie zu Erzählungen für Kinder, um schließlich in den Augen vieler Menschen zu literarischen Kuriositäten mit mehr oder weniger absurdem Inhalt herabzusinken.
Gegenläufig zu der auf der einen Seite sich verbreitenden Entwertung der Märchen begann auf der anderen Seite die Neuentdeckung ihres psychologischen Gehaltes durch die Tiefenpsychologie unter besonderer Beteiligung von C.G. Jung und seiner Schülerin M.L. von Franz.
Wenn man diese Entwicklung verstehen will, muß man die Wandlungen im menschlichen Denken in Betracht ziehen, die sich vor allem seit der Aufklärung beobachten lassen. Das ursprüngliche Denken ist ein Betrachten von Bildern. Die Menschen haben die symbolischen Bilder der Märchen – das gleiche gilt für die Mythologie – in sich aufgenommen und durch stete Wiederholung ihren Gehalt allmählich assimiliert. Wir können den Vorgang bei einem Kind beobachten, wenn es das gleiche Märchen immer wieder hören will, wobei es nicht die geringste Abweichung in der Erzählung duldet.
Diese Art «Denken» vollzieht sich beim heutigen Erwachsenen nur noch in den tiefen Schichten des Unbewußten*, z.B. im Traum oder in der Imagination*. Unser bewußtes Denken ist im allgemeinen rational und kausal. Das beginnt bei den frühen griechischen Philosophen, und es hat mehr als 2000 Jahre gebraucht, bis die Mehrzahl der Menschen in unserer Kultur von ihr erfaßt wurde. Wenn wir annehmen, in allen anderen Kulturen sei dieses Denken ebenso verbreitet

wie bei uns, sind wir wahrscheinlich im Irrtum, und daraus ergeben sich mancherlei Mißverständnisse.
Um Mythen und Märchen rational zu verstehen, müssen wir ihre Bildersprache deutend übersetzen. Das ist insofern problematisch, als die Symbole ihrem Wesen nach vieldeutig sind, während das rationale Denken nach Eindeutigkeit verlangt. Dieser Widerspruch läßt sich nicht aufheben. Er führt zu der von Jung ausgesprochenen Erkenntnis, daß es eine objektiv richtige Deutung nicht geben kann. M.L. von Franz schreibt in ihrem Buch «Das Weibliche im Märchen»: «Sinn und Zweck der Deutung liegt darin, unser wurzelloses rationales Bewußtsein wieder an die Tiefe unserer unbewußten instinktiven* Natur anzuschließen.»
Bevor ich auf Einzelheiten eingehe, möchte ich noch auf einen grundsätzlichen Unterschied hinweisen, der zwischen der Betrachtungsweise von Freud und Jung besteht. Das scheint mir notwendig, weil manche Differenzen in der Art der Deutung sich daraus erklären.
Für Freud sind die Zentralfiguren innerhalb der Psyche Vater und Mutter. Die Symbolfiguren entstehen durch die Projektion* der Elternbilder auf einen ungeformten Hintergrund. Götterbilder beispielsweise sind in dieser Sicht die an den Himmel projizierten Eltern. – Jung wendet die genau umgekehrte Perspektive an. Für ihn sind Götterbilder Archetypen*, das heißt Urbilder, die zur angeborenen psychischen Struktur gehören. Diese Bilder werden vom Kind auf die Eltern projiziert, wodurch diese mit Macht und Einfluß aufgeladen werden. Welche der beiden Betrachtungsweisen objektiv richtig ist, läßt sich kaum entscheiden. Es dürfte eine Typenfrage sein, welche Ansicht einem mehr einleuchtet. Ich beziehe mich bei meinen Deutungen auf Jung.
Ein Märchen stellt sich für den naiven Leser als eine Handlung dar, in die eine Anzahl Personen verwickelt sind. Das sind Menschen, Tiere und Figuren, die es in der Realität gar nicht gibt, sondern die einer magischen Welt entstammen.

Dabei fällt auf, daß die handelnden Personen merkwürdig einseitig sind, z.B. nur gut oder nur böse. Von einem philosophischen Standpunkt aus könnte man sie als Personifizierung verschiedener Prinzipien ansehen. Psychologisch betrachtet sind sie Seelenanteile*, deren Gesamtheit erst eine vollständige menschliche Person ergibt. Deshalb geht die Märchendeutung im Sinne Jungs von der Annahme aus, daß das Ganze eines Märchens die Psyche* eines Menschen symbolisiert.

Der Held entspricht dabei im allgemeinen dem bewußten Ich*, die übrigen Figuren unbewußten Persönlichkeitsanteilen. Tiere stellen instinktive Anlagen, noch unentwickelte Funktionen oder Entwicklungsmöglichkeiten dar, die noch ganz unbewußt sind. Menschen sind zwar auch unbewußte Anteile, sie stehen dem Bewußtsein jedoch näher.

Besonders bedeutsam ist in vielen Märchen die Art und Weise, wie die gegengeschlechtliche Seite auftritt, sowie die Haltung, die das Ich ihr gegenüber einnimmt. Darin drückt sich die Einstellung eines Menschen zum anderen Geschlecht aus. So wird beispielsweise im weltweit verbreiteten Motiv der Schwanenjungfrau geschildert, wie die «Anima»* zwischen Tiergestalt und menschlicher Gestalt wechseln kann. Ein Märchen dieses Typs erzählt von einem Mann, der eine Anzahl Schwäne zu einem See fliegen sieht. Als er näherkommt, entdeckt er im Wasser statt der Schwäne badende Jungfrauen, deren Schwanenhemden am Ufer liegen. Er nimmt eines davon an sich und zwingt dadurch seine Besitzerin, ihm zu folgen und seine Frau zu werden, während die anderen als Schwäne davonfliegen.

Dieses Märchen schildert die Wandlung der Einstellung zum anderen Geschlecht. Solange das Weibliche Schwanengestalt hat, ist es für das männliche Ich nur eine Traum- oder Phantasiefigur; denn Vögel sind flüchtige, ungreifbare «Geistwesen». Wenn diese Figur das Hemd ablegt, um zu baden, wird sie als Mensch sichtbar, und zwar als Frau. Das heißt, dem männlichen Ich wird bewußt, daß es eine Beziehung zu einer Frau sucht. Damit diese Beziehung jedoch zur Realität werden kann, muß es aktiv vorgehen. Diese Aktivität wird im Märchen als Raub des Schwanenhemdes dargestellt. Was das Märchen meint, ist eine innere Aktivität, das Festhalten eines Bewußtseinsinhaltes, der zunächst nur flüchtig aufgetaucht war und leicht wieder verschwinden könnte. Tatsächlich gibt es Märchen, in denen die Frau das versteckte Tierhemd später findet, wieder anlegt und verschwindet. Diese Version drückt aus, daß das Bewußtsein nicht stark genug war, um den neuen Inhalt festzuhalten. In anderen Varianten wird die Tierhaut verbrannt, wodurch die Verwandlung endgültig fixiert bleibt. Feuer ist symbolisch oft Wandlungssubstanz.

Viele Märchen spielen auf zwei deutlich voneinander getrennten Ebenen. Die eine ist als gewöhnliche, profane Welt erkennbar, die andere hat magischen Charakter. Sie wird meist durch einen Abstieg erreicht, manchmal auch durch einen Aufstieg oder durch einen weiten Weg in die Ferne. Die profane Welt bezeichnet das Bekannte, also den Bereich des Bewußtseins, unter Umständen auch bewußtseinsnahe Schichten des persönlichen* Unbewußten. Die magische Welt ist stets gleichbedeutend mit dem Unbewußten, häufig mit dem kollektiven* Unbewußten. Innerhalb des magischen Bezirks gibt es eine größere Zahl typischer Orte, die alle das Unbewußte darstellen, zum Beispiel der Wald, ein See oder das Meer, der Brunnen, die Höhle, die einsame Insel usw.

In der magischen Welt leben die Urbilder von Vater und Mutter, manchmal als Paar, häufig tritt aber auch nur eine der beiden Gestalten auf. Der archetypische Vater kann als der alte Weise erscheinen, als Waldgeist, als Zauberer, als Gevatter Tod, auch als Dämon oder Teufel. Die archetypische Mutter erscheint als Großmutter (die Große Mutter), als Hexe oder einfach als altes Mütterchen. Der Variantenreichtum vor allem der Muttersymbole ist sehr vielfältig. Ihre schützende, aber auch verschlingende Seite kann als Gefäß, als Höhle oder als verschlingendes Tier – Walfisch oder Wolf beispielsweise – erscheinen. Die Urgestalten der Eltern können positiv oder negativ sein, manchmal auch beides zugleich.

Das sehr bekannte Märchen vom Rotkäppchen illustriert das auf einfachste Weise.

Ein kleines Mädchen lebt mit der Mutter am Rand des Dorfes. Das ist die profane Welt. Die Großmutter lebt im Wald. Das ist der magische Bezirk. Die Großmutter ist ein Bild für die «Große Mutter», das heißt für den unbewußten weiblichen Hintergrund des kleinen Mädchens. Sie tritt in zweifacher Gestalt auf: als alte Frau oder als Wolf. Die alte Frau ist ihre Kulturseite, der Wolf ihre primitive Naturseite.

Das Bewußtsein des Mädchens ist nur schwach entwickelt. Das wird einmal durch das Fehlen einer Grenze zwischen dem profanen und dem magischen Bereich ausgedrückt und zum andern durch die folgende Handlungsweise.

Rotkäppchen hat den Auftrag, der kranken Großmutter Wein und Kuchen zu bringen. Im Wald begegnet es dem Wolf und führt ein freundschaftliches Gespräch mit ihm. Das besagt, daß die Instinkte nicht an sich böse oder gefährlich sind. Sie können es allerdings werden, wenn das Ich zu schwach ist, um sie zu steuern. Und das Mädchen erweist sich als zu schwach. Statt den Auftrag der Mutter auszuführen, verliert es sich im Wald und beginnt Blumen zu pflücken.

Es erliegt einer Verführung mit der Folge, daß es später vom Wolf gefressen wird. Das Gefressenwerden bedeutet: der Naturinstinkt oder Trieb tritt an die Stelle des Bewußtseins und bestimmt die Handlungen des Ich. Um welche Art Instinkt es sich handelt, darüber sagt das Märchen nichts; es bleibt der Phantasie der Zuhörer überlassen. In der Erzählung des Märchens hat der Wolf die Großmutter schon vor dem Mädchen gefressen und sich in ihr Bett gelegt. Das darf man nicht wörtlich nehmen. Allein daraus, daß Rotkäppchen den Wolf

im Bett gar nicht erkennt, sondern ihn als Großmutter anredet, ergibt sich klar, daß ein Gestaltwandel gemeint ist.
Rotkäppchen hat offenbar keinen Vater. Das ist die eigentliche Ursache für seine zu große Unbewußtheit, denn vom Vater geht der Impuls für die Bewußtseinsentwicklung aus. Deshalb steht das Vaterbild im Märchen auch häufig als Symbol für das Bewußtsein.
Im Märchen tritt ein Jäger auf, der dem Wolf den Bauch aufschneidet und das Mädchen samt der Großmutter befreit. Der Jäger ist eine archetypische Figur, die das Männliche symbolisiert. Er ersetzt – von innen her, aus dem kollektiven Unbewußten – den fehlenden Vater und aktiviert durch sein Erscheinen die Animus*-Seite des Mädchens. Dadurch erwacht das Bewußtsein, was in der Bildersprache des Märchens dargestellt wird als Herauskommen aus dem dunklen Bauch des Wolfs. Die unmittelbare Folge ist, daß die Großmutter – der Archetypus des Weiblichen – von ihrer menschlichen Seite sichtbar wird. Die Tier-Seite verschwindet, indem der Wolf stirbt. Der Tod bedeutet Wandlung, wie oft im Märchen.
Die ganze Geschichte stellt die Gefährdung eines jungen Mädchens dar, das keinen Vater hat oder dessen Vater seine natürliche Aufgabe nicht erfüllen kann. Die Folge ist eine zu enge Bindung an die Mutter und ein Zurückbleiben der Bewußtseinsentwicklung. Durch die Einseitigkeit der nur vom Weiblichen her bestimmten Psyche entsteht die Gefahr eines Umschlags ins Negative, z.B. in Triebhaftigkeit. Der Ausgleich erfolgt durch ein aus der Tiefe heraufkommendes Bild des Animus, des Männlichen, das eine positive Weiterentwicklung einleitet.
Eine häufig auftretende Märchenfigur ist der alternde König, der drei Söhne hat und nicht weiß, welchen er zu seinem Nachfolger bestimmen soll. In der Regel stellt er dann eine Aufgabe, die vom Jüngsten gelöst wird, obwohl dieser als der Dümmste oder Ungeschickteste dargestellt wird.

Diese Konstellation läßt sich psychologisch mit der inneren Struktur einer männlichen Person in einer Entwicklungskrise vergleichen. Der König entspricht dann dem «herrschenden» Bewußtsein, das erstarrt ist und unfähig, sich einer neuen Lage anzupassen. Es muß gewandelt werden. In der Märchensprache heißt das: der alte König muß sterben, und ein Sohn muß die Regierung übernehmen. Die drei Söhne entsprechen verschiedenen Ich-Funktionen, und zwar die älteren schon entwickelten, jederzeit einsetzbaren Fähigkeiten, die eben darum eng begrenzt sind. Der Jüngste stellt eine noch unentwickelte Funktion dar. Deshalb ist er unangepaßt, in der Märchensprache dumm oder ungeschickt. Das gilt jedoch nur aus der Perspektive des Bewußtseins. Vom Unbewußten her gesehen ist er der Fähigste, weil er noch entwicklungsfähig ist. Die schon entwickelten Funktionen sind stets einseitig, die unentwickelte ist vielseitig, weil bei ihr noch alle Möglichkeiten offen sind. Einige dieser Möglichkeiten erscheinen dann im Märchen in Gestalt von Tieren oder anderen Figuren aus dem Unbewußten, die dem dritten Sohn helfen, die gestellte Aufgabe zu lösen.

Rational ausgedrückt sagt dieser Märchentypus etwa folgendes: In einer schwierigen, für das Bewußtsein scheinbar ausweglosen Lage müssen neue, bisher unentwickelte Möglichkeiten im Unbewußten gesucht werden. Wenn sie gefunden sind, kann die Krise gelöst werden. Das scheint ganz einfach und ist es auch. Doch in der Praxis liegt das Problem fast immer in dem mangelnden Vertrauen des Ich gegenüber der am wenigsten entwickelten Funktion – dem Dummling. Stets klammert es sich verzweifelt an die älteren Brüder, die es dann im Stich lassen.

In anderen Märchen symbolisiert der alte König das kollektive Bewußtsein bzw. das Über-Ich. Der junge König kann ein Bild für das entwickelte Ich sein: der Held, der König wird, nachdem er seine Aufgabe erfüllt hat. Vom weiblichen Ich her gesehen, das als Prinzessin, aber auch als Aschenputtel er-

scheinen kann, ist der junge König meist ein Bild für den positiven* Animus. König und Königin zusammen können das magische Elternpaar darstellen.
Die Königin kann dementsprechend Mutter- oder Animabedeutung haben. Ob sie positiv oder negativ gemeint ist, ergibt sich aus der Handlung. Sie kann wie eine Stiefmutter auftreten, die ja eine der wichtigsten Märchenfiguren ist. Die Stiefmutter bezeichnet stets die negative Seite der Mutter. Häufig sind positive und negative Seite der Mutter auf zwei getrennte Figuren aufgeteilt. So kann der Königin eine Hexe gegenüberstehen. Im Grimmschen Märchen «Die Gänsemagd» ist es die Magd. Die Handlung verläuft folgendermaßen: Eine Königin schickt ihre Tochter zu dem Königssohn, den sie heiraten soll, und gibt ihr eine Magd als Begleiterin mit. Diese zwingt die Prinzessin zum Rollentausch und wird selbst zur falschen Braut. Am Ende wird sie entlarvt und beseitigt. – Hier stellt sich die Frage, warum die Mutter ihre Tochter nicht selbst dem Bräutigam zuführt. Nun, sie tut es, denn man kann die Magd als ihre negative Seite auffassen, die der Tochter den Mann nicht gönnt.
Immer wieder erscheint die Mutter als die eigentliche Problemfigur der Märchen. Das sagt gar nichts über reale Mütter und Väter, sondern ist eine Folge der Perspektive. Die Märchenfiguren sind stets von einem Ich aus gesehen, und das Ich ist mehr oder weniger identisch mit dem Bewußtsein. Dieses Bewußtsein aber ist nach Aussage der Märchen stets von einem übermächtigen Unbewußten bedroht und kann sich nur mit äußerster Anstrengung dagegen behaupten. Da die Mutter symbolisch das Unbewußte repräsentiert und der Vater das Bewußtsein, ergibt sich aus dieser Lage, daß das Ich den Vater als hilfreich erlebt oder als nicht vorhanden, aber nur selten als negativ. Die Mutter jedoch steht immer auf der Gegenseite und erscheint daher häufig negativ für das Ich.
Das Thema der Märchen ist im Grunde stets das gleiche. Es heißt: Bewußtseinsentwicklung. Selten geschieht sie auf ein-

fache Weise. Meist ist ein mühsamer und gefährlicher Heldenweg notwendig. Die Handlung des Märchens geht von einer Zustandsschilderung aus, die im allgemeinen ein Entwicklungsproblem zum Inhalt hat. Durch intensive Bemühung des Helden wird es meist gelöst. Es gibt allerdings auch Märchen mit einer negativen Lösung, z.B. wenn der Held seiner Anima in ihr magisches Reich folgt und dort bleibt. Das bedeutet ein vollständiges und dauerndes Versinken im Unbewußten.

Ein Beispiel dafür ist das russische Märchen vom dummen Ivan (nach Hedwig von Beit: Symbolik des Märchens): Ein Vater hat 3 Söhne. Die zwei älteren sind wohlgeraten, nur der jüngste ist ein Dümmling, der am liebsten auf dem Ofen hockt. Eines Tages holt er Wasser am Brunnen und findet im Schöpfeimer ein goldenes Fischlein. Dafür, daß er ihm die Freiheit zurückgibt, verspricht es ihm, all seine Wünsche zu erfüllen.

Beim Holzholen im Wald probiert er es aus. Es ist Winter, er nimmt einen Schlitten ohne Pferde und wünscht sich, daß er von selber fahre. Das geschieht auch. Bei der Rückkehr fährt er voller Übermut mitten durch den Markt, wobei er alles umstößt, was ihm im Wege ist. Als die Leute sich bei seinem Vater beschweren, liegt er auf dem Ofen und leugnet alles.

Darauf wird er beim Zaren verklagt und zu ihm zitiert. Mit Hilfe des Fischleins fährt er auf dem Ofen liegend zum Zaren und erscheint auch so vor seinem Thron. Die Tochter des Zaren verliebt sich sofort in ihn, steigt zu ihm auf den Ofen und weigert sich herunterzukommen, bis ihr Vater verspricht, sie mit dem Jungen zu verheiraten.

Darauf verschwindet der Ofen, und die Hochzeit findet statt. Doch danach läßt der Zar ein großes Faß bauen, sperrt das Paar darin ein und läßt das Faß ins Meer werfen.

Drei Tage lang schwimmen sie auf dem Wasser, bis das Faß ein menschenleeres, paradiesisch schönes Land erreicht. Das Fischlein befreit sie aus dem Faß und läßt einen Palast entstehen, schöner als der des Zaren. Darin leben sie, «die Tiere und Vögel brachten ihnen Essen und Trinken, und die Bienen machten für sie aus Honig Zuckerwerk».

Das Märchen beginnt nach dem Schema vom Vater mit drei Söhnen, wobei der Jüngste über das goldene Fischlein die Hilfe des Unbewußten erhält. Aber er benutzt diese Hilfe nicht, um ein Held zu werden, sondern er mißbraucht sie, um in einer infantilen Haltung verharren zu können. Wenn er auf dem Ofen liegt und sich nicht von ihm trennen will, so drückt das die enge Mutterbindung aus; der Ofen ist ein Muttersymbol. Seine Handlungsweise auf dem Markt ist die negative Form einer Heldentat, und sein Leugnen bedeutet, daß er sich weigert, die Verantwortung für sich selbst zu übernehmen.

Der Ofen verschwindet, als er die Zarentochter heiratet. Das ist kein echter Entwicklungsschritt, sondern ein bloßes Ersetzten der Mutter durch eine jüngere Ausgabe der Anima in Gestalt der Braut. Psychologisch gesehen macht er die Partnerin zur Mutter. – Das Faß, in dem das Paar übers Meer fährt, ist wieder ein Muttersymbol, und das Schlußbild vom Leben im Paradies drückt die totale Regression* aus.

Die ganze Geschichte schildert das Scheitern des Bewußtwerdungsprozesses. Statt die Inhalte des Unbewußten auf die Ebene des Bewußtseins zu heben und für die Realität zu nutzen, versinkt das Ich in einer Traumwelt. Das Märchen ist sicherlich sehr alt. Historisch gesehen stellt es die ungebrochene Herrschaft des Matriarchats in der Psyche dar. Auf einen Menschen unserer Zeit übertragen, könnte es die Innenwelt eines Drogensüchtigen schildern.

Wenn man die Aussage eines Märchens verstehen will, sollte man die Bedeutung der vorkommenden Symbole kennen. Aber noch wichtiger scheint mir die Betrachtungsweise auf der Subjektstufe*. Das heißt: Alles, was vorkommt, wird als Teil der individuellen Psyche angesehen. Die Wandlungsfähigkeit der Tier- und Menschenfiguren beruht darauf, daß sie keinen eigenständigen Charakter haben, sondern so sind, wie sie dem jeweiligen Ich erscheinen. Sobald dieses Ich seine Einstellung ändert, ändern sie sich auch. Alle Figuren beeinflussen sich gegenseitig und sind voneinander abhängig. Jede Figur hat ihren Stellenwert in bezug auf die innere Struktur der Psyche. Aus der Art der Figuren und ihren Beziehungen zueinander läßt sich diese Struktur erkennen, und daraus ergibt sich der Entwicklungsstand der betroffenen Person.

Die überlieferten Märchen gehören in einen historischen Zusammenhang. Sie schildern Menschen einer zum Teil weit zurückliegenden Epoche mit einer anderen Psychologie als der unseren. Das ermöglicht einen Einblick in die Geschichte des menschlichen Bewußtseins. Andererseits sind viele der dargestellten Probleme auch heute noch mit den Entwicklungsproblemen unserer Kinder und Jugendlichen identisch. Darin vor allem liegt ihr bleibender Wert.

Märchen und Imagination

Imaginieren heißt bewußtes Wahrnehmen der inneren Bilder, die jeder Mensch hat, normalerweise aber nicht beachtet. Es bedeutet träumen, obwohl man wach ist. Der einzige Unterschied zwischen einem Traum und einer Imagination* besteht in der Entscheidungsfähigkeit des Ich*. Das imaginierende Ich ist bewußt und kann selbst bestimmen, wie es handeln will. Das träumende Ich wird von einem Affekt getrieben ohne die Möglichkeit, sich dagegen zu wehren.

Es läge nahe, den deutschen Ausdruck «Wachtraum» zu verwenden, doch leider werden damit im allgemeinen Sprachgebrauch meist bloße Phantasien bezeichnet. Das sind jedoch in meiner Definition keine Imaginationen. Sie entstammen zwar auch dem Unbewußten und können Vorläufer einer echten Imagination sein. Aber die Erfahrung hat mich gelehrt, daß nur das *Bild* autonom* ist, während die *Phantasie* fast immer vom Ich manipuliert wird.

Die moderne Traumforschung hat nachgewiesen, daß jeder Mensch jede Nacht träumt, auch wenn er sich nachher an nichts mehr erinnert. Wenn man jemand systematisch am Träumen hindert – solche Experimente sind gemacht worden –, dann gerät er bald in einen Zustand, der einer Psychose* nahekommt. Daraus ergibt sich, daß die Träume für das seelische Gleichgewicht von großer Bedeutung sind.

Viele Träume stellen den inneren Zustand des Träumers dar. Wenn ein Mensch seine Träume wirklich versteht, so sagen sie ihm, was er der eigenen Seele* gegenüber falsch macht. Das schafft vielleicht die Voraussetzung für eine Änderung, aber es ändert an sich noch nichts. Wenn jemand weiß, daß er sich in einem bestimmten Traum falsch verhalten hat, so kann er die gleiche Szene in der Imagination wiederholen.

Und nun, da sein Ich wach ist, kann er seine Handlungsweise korrigieren und das Richtige tun.
Das ist eine längst bekannte Möglichkeit, die Imagination therapeutisch einzusetzen. Anwenden kann sie natürlich nur, wer imaginieren gelernt hat. Obwohl es im Prinzip jeder Mensch können sollte, besteht in der Praxis eine Hemmschwelle, die nur wenige allein überwinden. Meist braucht es dazu die Assistenz eines sachverständigen Helfers. Das ist wahrscheinlich gut so, denn die meisten Menschen würden vermutlich den falschen Gebrauch von ihren Imaginationen machen.
Die Bilder, die in der Imagination erscheinen, stellen einen Ausschnitt aus dem unbewußten Teil der Psyche* dar. Das erlebende Ich repräsentiert das Bewußtsein. Wenn es mit den auftretenden Figuren in Kontakt tritt, ergibt sich eine Auseinandersetzung zwischen dem Bewußtsein und dem Unbewußten*. Dabei kommt alles darauf an, wie das Ich sich verhält. Im allgemeinen wird es dazu neigen, so zu reagieren, wie es das immer getan hat. Und gerade das ist meist das Falsche. Deshalb braucht es den Therapeuten, der ihm hilft, herauszufinden, wo es seine Einstellung ändern muß.
Man kann das Unbewußte auf sehr verschiedene Weise anregen, sich im Bild zu gestalten. Anstelle des Traumes kann man von einem Gefühl ausgehen und abwarten, ob ein dazu passendes Bild erscheint. Die meisten Menschen finden es leichter, mit einer bildhaften Vorstellung zu beginnen. Doch welchen Anfang man auch wählt, das Unbewußte hat stets die Tendenz, das Ich in eine dramatische Handlung zu verwickeln, und es ist sinnvoll, sich darauf einzulassen.
Das Unbewußte vieler Menschen zeigt eine natürliche Neigung, sich in märchenhaften oder mythologischen Bildern auszudrücken. Es hat den Anschein, als gebe es in der Psyche gewissermaßen längst gebahnte Wege, auf denen sie sich mit besonderer Vorliebe ergeht. C.G. Jung hat die Märchen als Selbstdarstellung der unbewußten Psyche bezeichnet. Da die-

se Definition auch auf die Imaginationen zutrifft, ist es kein Wunder, daß zwischen beiden eine große Ähnlichkeit besteht.

Aus diesem Grunde pflege ich in der Therapie meinen Patienten vorzuschlagen, die Imaginationen mit dem Bild eines Märchenwaldes zu beginnen. In den meisten Fällen erscheint dann wirklich ein Wald, der zum Ausgangspunkt einer längeren Geschichte wird. Falls das Unbewußte ein anderes Bild produziert, nehme ich an, daß es einen Grund dafür hat, und warte ab, wohin das führt. Das Unbewußte hat immer Recht, denn es stellt nur dar, was ist. Man soll versuchen, es zu verstehen, aber es nicht kritisieren. Kritik ist nur sinnvoll, soweit sie sich auf das Ich bezieht.

Man kann in der Imagination nicht nur sehen, sondern auch riechen, hören, fühlen – analog dem Traum, an dem auch alle Sinne beteiligt sind. Die Figuren, die dem Ich begegnen, können reden – auch Tiere und manchmal sogar Pflanzen oder Steine. In einer «Märchenwelt» ist das nichts Besonderes. Sie sprechen scheinbar dieselbe Sprache wie das Ich und sagen manchmal verblüffende Dinge. Aber nicht alles, was sie aussprechen, darf wörtlich genommen werden. Der Text gehört zu den Bildern, und diese drücken sich in der gleichen Symbolsprache aus wie die klassischen Märchen. Das Verstehen erfordert eine Übersetzung.

Der Unterschied zwischen der Bedeutung der Figuren und der Art, wie sie erlebt werden, kann zu gewissen Schwierigkeiten führen. Angenommen, das Ich begegnet im Wald einem Wolf. Es erlebt ihn ganz realistisch als Raubtier und fühlt sich von ihm bedroht. Es möchte fliehen oder, falls es eine Waffe hat, ihn töten. Beides wäre falsch, denn der Wolf ist ja ein Symbol, das einen unbekannten Inhalt des eigenen Unbewußten darstellt. Um herauszufinden, was dieser Inhalt wirklich bedeutet, muß das Ich den Wolf kennenlernen. Das ist aber nur möglich, wenn es seine Angst überwindet, sich ihm annähert und versucht, mit ihm zu reden.

Was in der Imagination wirklich vorgeht, läßt sich etwa so beschreiben: Mit dem Eintauchen in die Welt der inneren Bilder begegnet das Ich seiner eigenen Seele. Jede Figur, die es sieht, repräsentiert einen bestimmten Teil davon. Die Imaginationen machen bevorzugt solche Seelenanteile* sichtbar, denen das Ich in seiner bisherigen Entwicklung entweder ausgewichen ist oder zu denen es irgendwann die Beziehungen abgebrochen hat. Psychologen nennen das einen verdrängten* oder abgespaltenen Komplex*. Diese Inhalte des Unbewußten haben oft eine abstoßende oder furchteinflößende Gestalt.

Es ist verständlich, daß die spontane Reaktion des Ich negativ ist. Es möchte sich abwenden oder die Figur auf irgendeine Weise beseitigen. Das entspricht genau seiner bisherigen Einstellung. Wenn es dem Impuls folgt, bleibt alles beim alten. Wenn es nun aber das Gegenteil tut, die eigenen widerstrebenden Gefühle überwindet und sich der Figur zuwendet, dann tritt eine therapeutische Wirkung ein. Das Ich hat seine Einstellung geändert, was meist zur Folge hat, daß auch die Symbolfigur sich wandelt.

Ein naheliegender Einwand lautet: Seit undenklichen Zeiten haben die mythologischen Helden ihre Drachen getötet, und in vielen Märchen wird das Böse ausgerottet. Warum soll das nun nicht mehr gelten? Ich meine dazu folgendes:

So wie es eine körperliche Evolution gegeben hat, gibt es auch eine psychische Evolution oder genauer: eine Evolution des Bewußtseins. Sie ist noch im Gange und wird weitergehen. Ausführlich bearbeitet wurde diese Frage von dem Psychologen Erich Neumann (Ursprungsgeschichte des Bewußtseins) und dem Philosophen Jean Gebser (Ursprung und Gegenwart).

Eine Anzahl alter *Mythen* stellt den Beginn der Bewußtseinsentwicklung in symbolischen Bildern dar. Es ist der Kampf des Sonnenhelden gegen den Unterweltsdrachen. Dabei repräsentiert der Held das Bewußtsein und der Drache das

Unbewußte. Wenn der Drache versucht, den Helden zu verschlingen, so drückt das die Tendenz des Unbewußten aus, das eben erwachte Bewußtsein wieder zu vernichten. Wenn der Held dagegen den Drachen tötet, so behauptet sich das Bewußtsein und grenzt sich vom Unbewußten ab. Über eine lange Zeitspanne gab es keine sichere Abgrenzung des Bewußtseins gegen das Unbewußte, und die Gefahr, von ihm verschlungen zu werden, bestand weiter. Deshalb mußte der Drachenkampf in immer neuer Form wiederholt werden. Dazu kommt, daß die Gestalten des Unbewußten nicht wirklich sterben, wenn sie «getötet» werden, sondern nur vorübergehend aus dem Blickfeld des Bewußtseins verschwinden. Es war also immer der gleiche Drache, der bekämpft wurde. – Der mythologische Drachenkampf war ein kollektiver Vorgang, der stets in eine ferne Vergangenheit verlegt wurde, was heißt, daß er sich in einer tiefen Schicht der Kollektivpsyche* abspielte.

Auch das Grundmotiv vieler der bekannten *Märchen* ist die Bewußtseinsentwicklung. Doch sie entstammen einer späteren Zeit, und das vorherrschende Thema hat sich geändert. Es ist der Gegensatz zwischen dem Guten und dem Bösen. Der alte Drache war gefährlich, aber nicht eigentlich böse. Das Gegensatzpaar der alten Mythen war das Unbewußte und das Bewußtsein.

Die Lösung des Problems in den Märchen geschieht auf demselben Weg wie beim Drachenkampf. Das Gute siegt und das Böse wird vernichtet. Natürlich verschwindet es dadurch nicht – das ist auch nicht der Sinn der Geschichten. Es handelt sich um die symbolische Darstellung eines kollektiven Problems. Das Anhören der Geschichte und die damit verbundene Teilnahme an der Auseinandersetzung in der Phantasie trugen dazu bei, jedem Zuhörer das Problem bewußt zu machen, das mit dem Gegensatzpaar Gut und Böse verbunden ist. Allein die Wahrnehmung des Gegensatzes ist ein Schritt auf dem Wege der Bewußtseinsentwicklung.

Die Bilder, die das Böse darstellen, symbolisieren zu einem großen Teil das, was wir psychologisch als Affekt* bezeichnen. Der Affekt aber gehört zu den natürlichen Instinkten*. Ursprünglich wurde der Mensch gewissermaßen vom Affekt gelebt, und das Entwicklungsziel bestand darin, das Ich in die Lage des Steuermanns zu versetzen, der den Affekt lenkt. Der symbolische Kampf gegen das Böse hatte den psychologischen Sinn, das Ich vom instinktiven Hintergrund abzulösen. Das war die Voraussetzung für das bewußte Wahrnehmen der Affekte. Steuern kann man nur, was man im Bewußtsein hat.

Der Kampf gegen die Übermacht der Affekte scheint in unserer Kultur jedoch bei vielen Menschen allzu erfolgreich verlaufen zu sein. Die Symbolfiguren wurden anscheinend auch in der individuellen Psyche getötet, und das hat zu einer Verdrängung des Bösen anstelle seiner bewußten Wahrnehmung geführt. Viele von uns sind nicht mehr fähig, ihre Affekte zu spüren, was jedoch nicht bedeutet, daß es sie nicht mehr gibt. Sie haben sich ins Unbewußte zurückgezogen, produzieren neurotische* Symptome oder werden auf den Nachbarn projiziert*, so daß dieser als «böse» erscheint. – Die Ursache für diese Entwicklung könnte darin liegen, daß eine Verwechslung zwischen dem psychisch Bösen und dem moralisch Bösen stattgefunden hat (s. das Kap.: Mißverständnisse um das Böse).

Die Erstarkung des Ich im Laufe der psychischen Evolution hat die Grenzlinie zwischen dem Bewußtsein und dem Unbewußten derart verhärtet, daß es für uns Heutige geradezu eine Leistung ist, diese Grenze einen Spalt weit zu öffnen, um einen Inhalt des Unbewußten hindurchtreten zu lassen. Dabei haben wir die feste Grenze gar nicht mehr nötig, denn das Unbewußte hat längst nicht mehr die Macht, das bewußte Ich zu verschlingen. Selbst wenn ein Drache durch den Zaun will, ist er nicht mehr ein Symbol des Unbewußten in seiner Gesamtheit als Gegenspieler des Bewußtseins, sondern er hat

eine individuelle Bedeutung, abhängig von der Person, der er erscheint. (Ich spreche hier nicht von Psychosen, für die wahrscheinlich andere Voraussetzungen gelten.)
Die Aufgabe scheint mir darin zu bestehen, das moralisch Böse klar vom psychisch Bösen zu trennen und zu erkennen, was das letztere wirklich ist: ein Stück Natur, das zum individuellen Menschen gehört und von ihm akzeptiert werden will. Die aktive Imagination ist ein möglicher Weg zu diesem Ziel.
Die in den imaginierten Märchen auftretenden Symbol-Figuren sind im wesentlichen dieselben wie in den klassischen Märchen: harmlose und gefährliche Tiere als Repräsentanten der Gegensätze von Gut und Böse, positive und negative Elternbilder sowie die Hintergrundfiguren König und Königin, Hexe und Zauberer usw. Allerdings haben sie nun eine individuelle Bedeutung und müssen anders behandelt werden, als das auf der kollektiven Ebene geschehen ist. Zweckmäßig ist eine offene, fragende Grundhaltung. Insbesondere die negativen Figuren sind fast nie das, was sie beim ersten Auftreten zu sein scheinen. Wenn das Ich es fertigbringt, sein Vor-Urteil, das es natürlich immer hat, zu überwinden, und unvoreingenommene Fragen stellt, bekommt es mit Sicherheit eine ganz unerwartete Antwort. Die Haltung, die das Ich den in der Imagination auftretenden Gestalten gegenüber einnehmen sollte, läßt sich etwa so beschreiben: Ich weiß nicht, was dieses Wesen bedeutet, aber ich weiß, daß es etwas von mir will, und ich möchte herausfinden, was das ist.
Alles Unbekannte macht Angst. Das ist eine natürliche Reaktion, und man sollte auch dazu stehen. Aber die Angst läßt sich überwinden. Wenn das gelingt, ändert sich die Gefühlsqualität und manchmal auch die Gestalt der Symbolfiguren. – Wenn das Ich eine abwehrende Haltung einnimmt, so versucht es damit, den Inhalt seines Unbewußten, der gerade aus der Verdrängung aufgetaucht ist, wieder dorthin zurückzuschieben.

Recht häufig wird das Ich mit dem Gegensatzpaar Gut und Böse konfrontiert. Aber nur selten ist es so einfach wie in den klassischen Märchen. Dazu ein Beispiel aus der Therapie eines 15jährigen Jungen:
Er sieht in der Imagination, wie eine Räuberbande eine Kutsche überfällt, in der ein König sitzt, und eine Schatzkiste davonschleppt. Er hilft dem König, zurück in sein Schloß zu kommen, und beteiligt sich später an der Verfolgung der Räuber. Doch dann findet er heraus, daß der König in Wahrheit ein Räuber und der Räuberhauptmann der rechtmäßige König ist. Im weiteren Verlauf löst sich der Konflikt, und es stellt sich heraus, daß beide Rivalen zusammengehören. Hier zeigt sich die Relativität von Gut und Böse.
Auch der Geschlechtsgegensatz ist ein wichtiges Thema vieler Imaginationen. In alten Märchen gibt es Hexen, die männliche und weibliche Eigenschaften in sich vereinigen. Besonders deutlich wird das bei der russischen Baba-Jaga, die in einem eisernen Mörser zu fahren pflegt, den sie mit dem Stößel antreibt. Der Mörser ist ein weibliches Symbol, der Stößel ein männliches. Das Bild drückt aus, daß Männliches und Weibliches im psychischen Hintergrund noch ungetrennt beieinander liegen, ein Zustand, der zu einer historisch weit zurückliegenden Entwicklungsphase gehört.
Auch in Imaginationen tauchen Figuren auf, deren Geschlechtsqualität zweideutig ist. Die Ursache für das Vorhandensein einer solchen Mischfigur im Unbewußten eines Menschen scheint darin zu liegen, daß er als Kind die Eltern nicht eindeutig als Mann und Frau erlebt hat. – Psychisch ist jeder Mensch doppelgeschlechtlich. Im Bewußtsein dominiert normalerweise die Seite, die dem Körpergeschlecht entspricht, während die Gegenseite weitgehend unbewußt bleibt. Das Kind erlebt an den Eltern, was ein Mann und eine Frau ist. Nun kann es vorkommen, daß ein Kind auf die unbewußte gegengeschlechtliche Seite von Vater oder Mutter stärker reagiert als auf das körperliche Geschlecht. Wenn es

beispielsweise den Vater als überwiegend weiblich erlebt, so ist das, als habe es nur eine Mutter und keinen Vater. Die Folge ist eine Unsicherheit darüber, was männlich bedeutet. Es ist das gleiche Problem, das entstehen kann, wenn der Vater wirklich fehlt. In einem solchen Fall kann es zu einer Aktivierung archaischer Bilder ähnlich der Baba-Jaga im Unbewußten kommen. In der Imagination kann eine Korrektur erreicht werden, indem aus der Mischfigur zwei verschiedene Gestalten entstehen, von denen eine eindeutig männlich, die andere ebenso eindeutig weiblich ist. Wenn alles gut geht, vereinigen sie sich in einem weiteren Schritt zu einem Paar, das heißt zu einer höheren Einheit, die den Gegensatz zwischen männlich und weiblich aber nicht aufhebt.

Das Problem ist heute von besonderer Aktualität, weil die Frage, was männlich und was weiblich ist, viele Menschen beschäftigt und sehr unterschiedlich beantwortet wird. Das ist auch ein Symptom, und es zeigt an, wie stark der gegengeschlechtliche Anteil in der Psyche jedes einzelnen zur Bewußtwerdung drängt.

Wie die Frage des Geschlechtsgegensatzes in der natürlichen Reifung eines Kindes bearbeitet werden kann, zeigt das Beispiel eines fünfjährigen normalen Mädchens aus meinem Bekanntenkreis. Das Kind teilte mir in geheimnisvollem Ton folgendes mit: «Wenn Bub und Bub heiraten, scheint die Sonne nicht. Wenn Mädchen und Mädchen heiraten, scheint sie auch nicht. Wenn aber Bub und Mädchen heiraten, dann scheint die Sonne.»

Diese kleine Geschichte ist hochsymbolisch und läßt sich deuten wie eine Imagination. Zuerst erscheinen zwei Zwillingspaare, zwei Buben und zwei Mädchen. Zwei gleiche Gestalten sind häufig die symbolische Vorstufe für das Auftauchen eines Gegensatzes. Sobald dann das echte Gegensatzpaar Bub und Mädchen gefunden ist, geht die Sonne auf. Das drückt das Erlebnis einer überraschenden Bewußtwerdung aus, denn die Sonne ist ein Symbol für das Bewußtsein.

BEGEGNUNG MIT WOLF UND TEUFEL IN DER IMAGINATION

Das Angstbündel

Der Patient, dessen «Geschichte» nun geschildert wird, litt unter einer schweren Angstneurose. Er war ein 18jähriger Banklehrling, der an seiner Arbeitsstelle weder ein Telefon abheben noch an den Schalter gehen konnte. Wenn er das versuchte, wurde er von einer solchen Panik erfaßt, daß er kein Wort von dem verstand, was der Bankkunde zu ihm sagte. Im übrigen war die Angst nicht an bestimmte Objekte gebunden. Sie überfiel ihn meist unerwartet und konnte sich an alles und jedes heften. Er erlebte sie ganz bewußt und war ihr hilflos ausgeliefert.

Ich gebe eine zusammenfassende Darstellung der 24 ersten Imaginationen*, die rund 8 Monate in Anspruch nahmen. Es ist das erste Kapitel einer längeren Serie, auf deren sonstigen Inhalt ich nicht eingehen will. Schon dieser Teil bewirkte eine deutliche Erleichterung. Doch für die vollständige Lösung des Problems war das Eintauchen in tiefere Schichten des Unbewußten* erforderlich.

Imaginationen

Schon in der ersten Imagination wird der junge Mann mit einem Wolf konfrontiert. Er befindet sich in einem lichten Wald und sieht in einiger Entfernung einen See, der blau durch die Bäume schimmert. Doch dazwischen ist der Wolf, schaut ihn starr an und versperrt ihm den Weg. Er weicht zurück und geht nach der anderen Seite. Aber sehr bald schon steht er vor einer hohen Felswand.

Dann sieht er ein Reh und nähert sich ihm. Es läßt ihn ruhig herankommen und sagt auf seine Frage, der Wolf sei immer dort. Man müsse nur genügend Abstand halten, dann tue er einem

nichts. Aber an ihm vorbeizukommen sei unmöglich. Dann führt es ihn aus dem Wald zu einer Lichtung. Er überquert sie und kommt in einen anderen Wald, doch auch dieser Weg endet vor unübersteigbaren Felsen. Betrübt kehrt er zur Lichtung zurück.
Da begegnet ihm eine Bäuerin, begrüßt ihn freundlich und erklärt ihm, aus diesem Tal komme er nicht heraus. Aber sie lebe hier mit ihrer Familie, und er könne bei ihnen bleiben. So geht er mit auf den Hof. Er lernt den Bauer und die 12jährige Tochter kennen. Das Nachtessen steht schon bereit. Da er müde ist, geht er bald danach zu Bett.
Am nächsten Tag gibt der Bauer ihm den Auftrag, die Kühe zu hüten. Die Weide liegt am Waldrand. Den ganzen Vormittag döst er im Halbschlaf in der Sonne, doch am frühen Nachmittag spürt er plötzlich etwas Unheimliches in der Luft – und dann sieht er den Wolf kommen. Schnell treibt er die Kühe zurück in den Stall und geht in die Küche, wo die Bäuerin und ihre Tochter sind. In Gesellschaft der Frauen fühlt er sich wieder wohl. Er erzählt der Bäuerin von dem Vorfall und fragt, warum denn keiner den Wolf erschieße. Die Bäuerin sagt: «Der Wolf ist überall. Man kann ihn nicht treffen.»
Dann gehen Mutter und Tochter aufs Feld. Er fühlt sich allein. Es wird unheimlich dunkel und aus der Richtung des Wolfs zieht ein Gewitter auf. Es donnert und blitzt und stürmt so gewaltig, daß er fürchtet, das Haus könne einstürzen. Gleichzeitig sieht er durchs Fenster, daß dort, wo die Frauen arbeiten, die Sonne scheint. In panischer Angst rennt er hinaus zu ihnen. Kaum hat er sie erreicht, ist das Gewitter vorbei, und alles ist wieder ruhig und friedlich.
Am folgenden Tag weigert er sich, die Kühe zu hüten, da ihm der Wolf zu unheimlich ist, und das Mädchen geht. Er hilft im Stall und auf dem Feld, die Arbeit macht ihm Spaß, und der Bauer ist zufrieden. Doch die Bäuerin ist es nicht, denn ihr hat die Tochter bei der Hausarbeit gefehlt. Deshalb verabredet sie mit ihrem Mann für den nächsten Tag eine Aufteilung. Am Vormittag soll das Mädchen und am Nachmittag der junge Mann auf die Weide ge-

hen. Als er das hört, bekommt er einen Schreck, denn er erinnert sich, daß der Wolf am Nachmittag gekommen war. Deshalb setzt er eine Umkehrung der Zeiten durch. Trotzdem ist er an diesem Vormittag viel zu unruhig, um sich in die Sonne zu legen und zu schlafen. Aber es geschieht nichts Besonderes, und als das Mädchen ihn ablöst, schärft er ihr ein, genau zu beobachten, was der Wolf tue, und es ihm am Abend zu berichten. Beim Abendessen erzählt sie dann, sie habe den ganzen Nachmittag mit dem Wolf gespielt...

Vor dem Einschlafen überlegt er noch lange, wieso der Wolf dem Mädchen nichts tue. Er beschließt, sie zu veranlassen, ihn dem Wolf vorzustellen.

Bauer und Bäuerin wundern sich, als er am Morgen den Wunsch äußert, den ganzen Tag mit dem Mädchen gemeinsam die Kühe zu hüten. Obwohl er den wahren Grund verschweigt und nur sagt, es sei ihm zu langweilig allein, willigen sie ein. Als am Nachmittag der Wolf kommt, läuft das Mädchen ihm entgegen und sagt ihm, sie habe den neuen Knecht mitgebracht, damit er ihn kennenlerne. Der junge Mann legt ein Stück Fleisch auf die Erde, das er für den Wolf mitgenommen hatte, und sagt zu ihm, er gebe ihm noch mehr, wenn er verspreche, ihm nichts zu tun. Der Wolf frißt das Fleisch und sagt: «Solange Du hier auf der Lichtung bleibst, brauchst Du keine Angst zu haben. Aber wenn Du versuchst, von hier wegzugehen, dann werde ich Dich fressen.»

Kommentar

Reh und Wolf sind Symbolfiguren für das Gegensatzpaar Gut und Böse. Auch die Bemerkung des Rehs, man müsse vom Wolf genügend Abstand halten, läßt sich symbolisch auffassen; dann heißt sie: Man muß die Gegensätze auseinanderhalten. Wenn der Wolf das Reh fressen würde, so wäre das symbolisch gesehen eine Verschmelzung der Gegensätze, und das würde vom Status des Ich* aus einen Schritt zurück zu größerer Unbewußtheit und Undifferenziertheit bedeuten.

Der Bauernhof mit seinen Bewohnern ist das archetypische* Bild der Familie. Bauer und Bäuerin sind Elternbilder, das Töchterchen ist eine kindliche Animafigur*. In diesem Rahmen findet das Ich Schutz, hier fühlt es sich geborgen. Allerdings um den Preis einer erheblichen Einengung. Eine Umwelt außerhalb der Familie ist für das Ich – innen wie außen – unbekanntes und unbetretbares Gebiet.

Alle Aussagen über den Wolf, vor allem die der Bäuerin: «Er ist überall..., man kann ihn nicht treffen», lassen dieses Tier als magisches Wesen erscheinen und ähnlich diffus wie die Angst, die den Patienten plagt. Demnach ist er in erster Linie ein Angstsymbol. Wieviel Energie mit diesem Bild verbunden ist, zeigt das Gewitter. Es kommt ganz deutlich vom Wolf und erschüttert das Haus, womit es die Gewalt des Affektes* ausdrückt.

Bezeichnenderweise sind die Frauen nicht davon betroffen; ihre Beziehung zum Wolf ist überhaupt ganz offensichtlich gut. Das Weibliche in der Psyche* des Mannes (die Anima) ist stets eng mit dem Unbewußten verbunden. Die innere Verbindung zwischen den Frauen und dem Wolf scheint mir deshalb anzudeuten, daß dieser Wolf wesentlich mehr ausdrückt als nur die Angst. Er sperrt das Ich von der Umwelt ab und wird dadurch selbst zum symbolischen Ausdruck für das gesamte Umfeld, das heißt für das Unbewußte überhaupt. Somit drückt er das gleiche aus wie der alte mythologische Drache, allerdings in einer individuellen Verkleinerung, die sich schon daraus ergibt, daß dieses Ich beileibe kein Held ist.

Bemerkenswert in bezug auf die Einstellung des Ich ist zweierlei: Es spürt den Drang, aus der Enge herauszukommen und die Umgebung kennenzulernen, und es sucht aktiv, wenn auch sehr vorsichtig, den Kontakt zum Wolf. Dadurch wird die weitere Entwicklung erst ermöglicht.

Dieser erste Abschnitt – erlebt in fünf aufeinanderfolgenden Imaginationen – ergibt das Bild eines Ausschnitts aus der inneren Struktur der Psyche des Patienten. Daran läßt sich folgende diagnostische Überlegung anknüpfen:
Die affektive Entwicklung (nicht die intellektuelle) scheint im Alter von etwa 6 Jahren zum Stillstand gekommen zu sein. Das Ich hat den Schritt aus dem engen Familienrahmen ins soziale Umfeld nicht tun können, der normalerweise in den ersten Schuljahren erfolgt. Die Ursache der Blockierung dürfte darin liegen, daß die Kindheitsängste, die zum Märchenalter gehören, nicht verarbeitet worden sind. – Von daher kann man den Wolf der Imaginationen auch als identisch mit dem Wolf aus dem Rotkäppchen ansehen.
Wie sich später zeigte, war das nicht das einzige Problem, aber es war sicher das dringlichste. Auf jeden Fall bot die Psyche selbst es dem Ich zur Bearbeitung an.

Imaginationen

Dann kommt der Sonntag. Die Arbeit ruht, und die Familie macht sich zu einem Spaziergang bereit. Den jungen Mann zieht es zum See. Der Bauer ist einverstanden – falls der Wolf es zulasse –, und sie brechen auf. Im Wald kommt der Wolf und sagt: «Was fällt Dir eigentlich ein. Gestern habe ich Dir deutlich gesagt, daß Du hier nicht vorbeikommst, und jetzt versuchst Du es trotzdem.» Nun mischt sich der Bauer ein. Er verbürgt sich dafür, den Knecht am Abend wieder mitzubringen. Das beruhigt den Wolf, und er läßt sie ziehen.
Am See sind viele Leute, und der junge Mann möchte gern eine Unterhaltung mit jemandem beginnen, doch bei jedem Versuch sieht er, wie der Wolf ihn vom Wald her drohend anstarrt, und deshalb wagt er es nicht. Am späten Nachmittag mahnt er von sich aus zur Rückkehr. Als sie beim Wolf vorbeikommen, schaut der sie nur schweigend an.

Am Montag regnet es, und das wirkt so beruhigend, daß der junge Mann gar keine Angst spürt, als er mit den Kühen auf der Weide ist und der Wolf zu ihm kommt. Er fragt ihn, warum er ihm am Vortag nicht erlaubt habe, mit den Leuten zu reden. Der Wolf sagt, er kenne die Leute ja gar nicht, und es könnten böse Menschen darunter sein. Deshalb sei es besser, wenn er mit niemandem spreche. Auf dem Bauernhof sei er in guten Händen, und mehr brauche er nicht. Er solle zufrieden sein. Aber der junge Mann gibt nicht auf. Er insistiert so lange, bis der Wolf ihm die Erlaubnis gibt, am nächsten Sonntag mit jemandem zu reden, wenn er ganz sicher ist, daß es sich um einen guten Menschen handelt. Sehr befriedigt über dieses Gespräch kehrt er zum Bauernhof zurück.

Am nächsten Morgen sieht er beim Frühstück, daß der Bauer seinen Rucksack gepackt hat und sich zu einem Ausflug vorbereitet. Er fragt ihn, was er vorhabe. Der Bauer sagt, er gehe ins nächste Dorf, um verschiedenes einzukaufen. Der junge Mann äußert den Wunsch, ihn zu begleiten, und dem Bauer ist es recht – falls der Wolf nichts dagegen habe.

Der Weg führt über einen Hügel, und oben steht der Wolf. Der junge Mann geht zu ihm, berichtet, was der Bauer vorhat, und fragt, ob er mitgehen dürfe. Der Wolf willigt sofort ein. «Wenn der Bauer bei Dir ist, bist Du ja behütet», sagt er.

Von der Höhe hat man einen weiten Blick über eine schöne Landschaft und sieht in der Ferne ein Dorf, das am Ufer eines Flusses liegt. Doch zunächst kommt ein steiler Abstieg in eine tiefe Schlucht. Beim Anblick der Tiefe spürt der Junge Angst, doch als er sieht, wie der Bauer ruhig und sicher hinabsteigt, folgt er ihm, und die Angst verschwindet.

Im Dorf besuchen sie mehrere Geschäfte und erledigen ihre Einkäufe. Auf dem Rückweg genießt der junge Mann die schöne Landschaft. Als sie beim Wolf vorbeikommen, begrüßt der sie freundlich, und gegen Abend sind sie wieder zu Hause.

Nachdem die Beziehung zum Wolf hergestellt ist, und zwar durch die Vermittlung der weiblichen Seite, hilft die Vaterfigur dem Ich, sich aus der Einengung zu befreien. Der erste Versuch zur Erweiterung des Gesichtskreises gelingt nur teilweise. Das Ich erreicht zwar den See, und es sieht die Leute, die dort spazieren gehen, aber es wagt nicht, sich ihnen zu nähern. Es spürt das Bedürfnis, mit ihnen zu reden, das heißt, den Kontakt zum sozialen Umfeld aufzunehmen. Es hätte auch die Möglichkeit dazu, aber noch ist die Angst vor dem Wolf zu stark, und so verzichtet es schließlich.

Bei dem folgenden Gespräch verhält sich der Wolf dann wie eine überbesorgte ängstliche Mutter. Dadurch verliert er in den Augen des Ich den Charakter des Bösen. Die Folge ist ein sofortiger zweiter Ausbruchsversuch, indem das Ich den Bauern zum Dorf begleitet und nicht bis zum nächsten Sonntag wartet, wie das eigentlich verabredet war. – Mir scheint, es wird sehr deutlich, wie das Ich seine ängstliche Zurückhaltung gegenüber dem Wolf mehr und mehr aufgibt und bei jedem Zusammentreffen vertrauter mit ihm wird.

Das Dorf mit seinen Bewohnern stellt die kollektive* (soziale) Seite der Psyche dar. Sie wird nun zum erstenmal deutlich erkennbar, auch wenn der Kontakt noch sehr begrenzt ist. Die Leute am See waren nur eine Vorstufe davon, weil sie als ungeformte Menge auftraten und nicht als zusammengehörige Gruppe.

Die schöne Landschaft drückt die Erweiterung des Gesichtskreises aus, und die Hochstimmung, die das Ich empfindet, ist die Freude über den gelungenen Ausbruch aus der Enge. – Der Abstieg in die Schlucht auf dem Weg zum Dorf ist eine Mutprobe. Allein wäre das Ich nicht fähig, sie zu bestehen, aber unter der Führung des Vaterbildes gelingt es.

Aus der bisherigen Entwicklung ist deutlich erkennbar, daß die Domäne des Weiblichen in der Psyche das Magische und

Irrationale ist, während das Männliche expansiv und ausgreifend erscheint. Das Weibliche in der Psyche des Patienten (die Anima) hat sich in drei verschiedenen Aspekten dargestellt. Mütterlich in der Bäuerin, kindlich in ihrer Tochter und magisch im Wolf. Die menschlichen Figuren gehören zu einer bewußtseinsnahen Schicht, das Tier verkörpert den irrationalen Hintergrund, der auch zum Weiblichen gehört. Das Männliche zeigt sich demgegenüber im Bauern als stabil und realitätsverbunden.

Imaginationen

Als der junge Mann am Morgen nach dem Ausflug erwacht, findet er alles verändert. Die Familie ist verschwunden, im Haus sind einige Mauern eingerissen, und ein Maurer ist damit beschäftigt, eine neue zu errichten. Er fragt, was das bedeute, und der Mann sagt, er habe den Auftrag, das Haus umzubauen. Die Bauersleute seien weggegangen und kämen erst zurück, wenn der Umbau fertig sei. Der Junge fragt weiter, ob er alles allein mache oder ob noch andere Arbeiter kämen. Er sei allein, sagt der Maurer, aber er erwarte von ihm, daß er tüchtig mithelfe. Und dann gibt er ihm Anweisungen, was er tun soll.

Der junge Mann führt die Aufträge aus, die er erhalten hat, aber er findet die Arbeit gar nicht schön. Er fragt den Maurer, ob es ihm gefalle, den ganzen Tag so monoton Stein auf Stein zu schichten. Der Mann antwortet, er finde es schön, etwas zu schaffen und aufzubauen. Es freue ihn jedesmal, wenn er eine Arbeit beendet habe, sein Werk zu betrachten.

Als es Abend wird, verabschiedet sich der Maurer, und der junge Mann bleibt allein zurück. Er geht durchs Haus und sieht sich die Veränderungen an. In seinem Zimmer fehlt eine Wand, und auch in der Küche ist alles aufgerissen. Das ganze Haus kommt ihm unheimlich vor, und er fühlt sich überhaupt nicht mehr wohl. Er rennt in den Wald und sucht den Wolf. Als er ihn gefunden hat,

bittet er ihn, mitzukommen und als Wachhund bei ihm zu bleiben. Der Wolf ist einverstanden, und zusammen kehren sie zurück.
Am nächsten Morgen läßt der Maurer sich nicht sehen. Der Junge legt sich in die Sonne und träumt. Als der Mann dann gegen Mittag kommt und sieht, daß die Arbeit liegengeblieben ist, fragt er den Jungen, ob er denn nicht merke, daß das Haus für ihn gebaut werde. Er müsse auch alleine weiterarbeiten, selbst wenn niemand ihm helfe. Das wirkt, und bis zum Abend ist er eifrig bei der Sache. Beim Abschied sagt der Maurer, er werde vielleicht nicht wiederkommen. Doch er wisse ja nun, was er zu tun habe.
Am andern Morgen, während der Junge beim Frühstück sitzt, kommt ein fremder junger Mann angeschlendert. Er ist etwa 25 Jahre alt, bezeichnet sich als Weltenbummler, meint aber, gerade jetzt könne er für ein paar Tage Arbeit und Unterkunft brauchen. Der Junge findet ihn sehr sympathisch und sagt ihm, er freue sich, wenn er hier bleibe und ihm helfe. Bei der Arbeit schlüpft er dann in die Rolle des Maurers, der Anweisungen gibt, und der andere wird zum Hilfsarbeiter.
Sehr bald schon stellen sie fest, daß der ganze Dachstock wackelt und einzustürzen droht. Darauf reißen sie ihn einfach herunter. Weil dabei eine der neuen Mauern in Trümmer geht, untersuchen sie alles genau. Aber alle noch stehenden Mauern und vor allem das Fundament erweisen sich als solide und gesund.
Einige Tage arbeiten sie fleißig zusammen, dann zieht der junge Mann weiter. Gleichzeitig spürt der Junge den Drang, die Felswand, die er stets für unbezwingbar gehalten hatte, zu erklettern. Es geht leichter, als er dachte, und oben findet er zu seiner Überraschung Bauer und Bäuerin, die dort in einem Hüttchen auf ihn warten. Das Töchterchen ist verschwunden.
Am Haus fehlt nur noch das Dach. Der junge Mann und der Bauer fällen Bäume und zimmern gemeinsam ein neues. Eines Tages bringt das Reh ein junges Mädchen mit, das es im Wald getroffen hat. Es ist etwa 18 Jahre alt. Dann wird ein Fest vorbereitet, um die Fertigstellung des Hauses zu feiern.

Auch der Wolf nimmt daran teil. Plötzlich fällt dem jungen Mann auf, daß dieser so still in einer Ecke liegt. Er geht zu ihm und findet statt des lebenden Wolfs eine Steinfigur. Er holt das Reh und erzählt ihm, was geschehen ist. Es schaut den versteinerten Wolf ganz fasziniert an und springt plötzlich auf ihn. Beide verschwinden hinter einer Nebelwand, aus der dann ein großer, stolzer Hirsch hervortritt.

Kommentar

Was der Umbau des Hauses bedeutet, ist nicht schwer zu verstehen. Das Haus tritt häufig als Symbol für das Ich auf, und wenn der Maurer dem jungen Mann sagt, es werde für ihn gebaut, so ist kein Zweifel mehr möglich. Das Verschwinden der Elternfiguren während des Umbaus unterstreicht noch zusätzlich, daß es sich um etwas handelt, was ausschließlich das Ich angeht. Nachdem es bis dahin bei seinen Aktivitäten stets von der Vaterfigur unterstützt und geleitet worden war, muß es jetzt selbständig werden und lernen, in eigener Verantwortung zu handeln. Psychologisch gesprochen geht es wohl um die Identitätsfindung*.
Bedeutsam ist dabei die Figur des Maurers, der so unerwartet auftaucht und wieder verschwindet, sobald das Ich seine Aufgabe erfaßt und akzeptiert hat. Er repräsentiert ein höheres oder umfassenderes Wissen im Unbewußten, das sich in den verschiedensten Figuren personifizieren kann. Im weiteren Verlauf der Geschichte, die hier nicht mehr dargestellt wird, übernimmt der Hirsch zeitweise diese Rolle.
Im Zusammenspiel mit dem Maurer wird aber auch deutlich, wie widerstrebend das Ich seine Aufgabe annimmt. In seiner Abneigung gegen die Arbeit, die ihm da zugemutet wird, in seinem Drang, auszuweichen und sich einfach in die Sonne zu legen, drückt sich eine Beharrungstendenz aus, die sich gegen die Umstrukturierung wehrt. Die Abwehr ist,

verglichen mit anderen Fällen, verhältnismäßig schwach, aber sie ist doch unverkennbar.
Mit dem «Weltenbummler» wird eine neue Möglichkeit sichtbar, die sich dem Bewußsein annähert. Es ist das Bedürfnis nach weiterer Expansion, ausgedrückt in dem Wunsch, «die Welt» kennenzulernen. Tatsächlich verläßt das Ich den Bauernhof bald nach dem Fest, und damit beginnt ein ganz neues Kapitel, das nicht mehr in den Rahmen meines Themas gehört.
Bei der Erneuerung des Daches wird die Vaterfigur noch einmal gebraucht. Das Dach des Hauses hat wohl mit dem Bewußtsein zu tun, und für die Konsolidierung der neuen bewußten Einstellung ist offenbar die Orientierung am Vaterbild nochmals erforderlich. Der Bauer befindet sich räumlich «oben», über der Felswand, und das Ich muß sich anstrengen, um ihn zu erreichen. Das drückt eine doch noch vorhandene Überlegenheit aus.
Auf der weiblichen Seite der Psyche wird ebenfalls eine Änderung angezeigt, indem das bisherige 12jährige Kind durch ein im Alter zum Ich passendes junges Mädchen ersetzt wird. Das bedeutet eine gewisse Reifung des Gefühls und der Beziehungsfunktion.
Überraschend ist die Entstehung des Hirschs aus Wolf und Reh. Der Vorgang ist eine symbolische Gegensatz*vereinigung*, bei dem aus Gut und Böse auf einem höheren Niveau etwas Neues entsteht. Die Energie, die im Wolf enthalten war und die in dieser Verkörperung als negativ empfunden wurde, wird durch die Vereinigung mit dem sanften Reh zu einer positiven Kraftquelle: der Hirsch ist stark, aber nicht aggressiv.
Warum der Wolf versteinert werden mußte, darüber kann man nur spekulieren. Versteinerung bedeutet eine Immobilisierung. Wenn man die Autonomie* der Kräfte, die hinter den Bildern stehen, ernst nimmt, so kann man vermuten, daß damit einer Gefahr vorgebeugt werden sollte. Der leben-

de Wolf hätte womöglich das Reh verschlungen, und das hätte symbolisch eine *Verschmelzung* der Gegensätze bedeutet. Das jedoch wäre ein Abstieg auf ein tieferes Niveau.

Rückblick

Die Imaginationen dieses Jugendlichen erzählen eine Geschichte, die im Grunde sehr einfach ist. Doch sie enthält manches, was für den Umgang mit den Symbolfiguren und das Verständnis der Vorgänge in der Innenwelt von Bedeutung ist.

Zuerst wird eine Stituation dargestellt, die ausweglos zu sein scheint. Ein mit magischen Kräften ausgestattetes Untier, das unverletzlich ist und überall zugleich, ein Wolf, der Gewitter auslösen kann, hält das Ich gefangen. Die Befreiung erfolgt weder durch Gewalt noch durch List, wie in einem klassischen Märchen, sondern durch Zuwendung. Je besser die Beziehung zwischen Wolf und Ich wird, um so mehr verändert der Wolf seinen Charakter. Er nimmt mütterliche Züge an, wird zum Wachhund, um schließlich, nach der Vereinigung mit dem Reh, als Hirsch wieder in die magische Welt zurückzukehren. In dieser Gestalt ist er ein sehr positives Symbol, das mit einem höheren Bewußtsein assoziiert ist und später (hier nicht mehr geschildert) zum Führer in tiefere Schichten wird.

Parallel mit dieser Entwicklung wird der Umbau eines Hauses dargestellt, was die Umformung der inneren Struktur der Psyche, insbesondere des Ich, bildhaft zum Ausdruck bringt.

Die treibende Kraft ist nicht das Bewußtsein, auch kein unbewußter Ich-Anteil. Ganz im Gegenteil, das Ich versucht immer wieder zu bremsen. Andererseits ist es einsichtig genug, um das Notwendige dann doch zu leisten. – Die Führung liegt nicht bei einer bestimmten Figur, sondern wird von einer zur anderen weitergegeben, wobei das planende

Zentrum unerkennbar bleibt. Am deutlichsten als Führer gekennzeichnet ist der Maurer, obwohl er nur ein kurzes Gastspiel gibt.
Auf jeden Fall scheint es mir eindeutig, daß sowohl der Antrieb als auch die Steuerung von einer unbewußten Instanz ausgehen. Allerdings wäre sie nicht in der Lage, sich gegen den Willen des Ich durchzusetzen. Dessen aktive Mitwirkung ist notwendig, um die Wandlung der inneren Struktur zu verwirklichen.

Der gescheiterte Gymnasiast

Die Imaginationen*, deren Inhalt ich im folgenden darstelle, stammen von einem Jugendlichen, der zu dieser Zeit etwa 19 Jahre alt war. Er war als 17jähriger aus eigenem Antrieb in Therapie gekommen, weil er in seinem Leben in einer Sackgasse steckte. Er hatte das Gymnasium besucht, war aber wegen unzureichender Leistungen ausgeschlossen worden. Zwar verfügte er über eine sehr gute Intelligenz, doch war er unfähig zu konzentrierter Arbeit. Er versuchte, sich mit Haschisch und LSD zu trösten, sah aber bald ein, daß die Sache dadurch nicht besser wurde, und suchte nach Hilfe. Die Therapie dauerte vier Jahre, wobei die Imaginationen erst später eingesetzt wurden. Während dieser Zeit versuchte er es zunächst mit einem praktischen Beruf, der ihn aber nicht befriedigte, und wählte dann den zweiten Bildungsweg, der bekanntlich mehr Selbstdisziplin erfordert als der erste. Heute ist er Lehrer und fühlt sich in diesem Beruf an der richtigen Stelle.
Ich habe nicht die Absicht, den ganzen Therapieverlauf darzustellen, sondern greife nur das Kapitel aus der Imaginationsserie heraus, das sich mit dem Problem des Bösen befaßt.

Imaginationen

Die Landschaft, die vor den Augen des Imaginierenden als Bild seiner inneren Welt erscheint und die er durchwandert, ist ein weites Flußtal, rings von steilen Hängen umgeben. An einem Ende befindet sich ein hoher Berg, von dem aus man auch die angrenzenden Gebiete überblicken kann. Dort lebt ein alter Einsiedler, den der junge Mann von Zeit zu Zeit besucht, um von seinen Er-

lebnissen zu berichten und sich Rat zu holen. Diesmal hat ihn der Alte in ein Land geschickt, das jenseits des linken Berghanges liegt und durch einen Höhlengang zu erreichen ist. Er nennt es «das Paradies». Im Tal ist Winter und alles ist tief verschneit, doch auf der anderen Seite scheint die Sonne, und es ist sommerlich warm.

Auf der Grenze trifft er ein Mädchen und eine Gruppe Zwerge, die er von früher her kennt. Sie schließen sich ihm an, und gemeinsam dringen sie in das fremde Land ein. Das erste Tier, das ihnen begegnet, ist ein Reh. Es zeigt keinerlei Scheu und sagt, als er sich darüber wundert, hier gebe es nichts Böses und niemand brauche Angst zu haben.

Bald kommen sie zu einem See und gehen am Ufer entlang, bis sie nicht mehr weiterkönnen. Sie stehen vor einem tiefen und breiten Graben, der das Gelände durchschneidet und sich bis hinauf zum Berg erstreckt. Einige Hasen, die dort hin und her rennen, erzählen ihnen, dieser Abgrund sei früher nicht dagewesen. Er sei plötzlich entstanden, und sie wüßten nicht weshalb. Weiter erzählen sie von einer Höhle im Berg am oberen Ende des Grabens. Das weckt die Neugierde des jungen Mannes, und er führt die Gruppe am Graben entlang zum Berghang. Die Höhle ist schwer zu erreichen, da sie genau über dem Graben liegt, doch mit Hilfe der Zwerge gelingt es ihm, sie zu erklettern. Im Innern liegt ein Wolf, der ganz schwach ist vor Hunger und Durst. Er erzählt, eines Tages, schon vor längerer Zeit, habe er die ewige Pflanzenkost nicht mehr ertragen und deshalb einen Hasen gerissen und verspeist. Dann habe er sich zum Schlafen in die Höhle zurückgezogen, die damals zu ebener Erde lag. Als er wieder aufwachte, hätte sich die Höhle über dem Abgrund befunden, und er habe sie nicht mehr verlassen können. Nun müsse er langsam verhungern und verdursten.

Der junge Mann nimmt den Wolf auf die Schultern und klettert denselben Weg zurück, den er gekommen war. Kaum hat er die Erde erreicht, da hebt sich die Grabensohle, bis der Abgrund verschwunden ist. Die Zwerge bringen Wasser und Beeren, der Wolf ißt und trinkt, und dann verabschiedet er sich.

Einige Tage später trifft der junge Mann ihn wieder und findet ihn mißmutig und verstimmt. Der Wolf sagt, das Leben im Paradies gefalle ihm nicht. Er wolle jagen und Fleisch fressen, das sei nun einmal seine Natur. Der Junge erzählt ihm von dem Land, aus dem er kommt, und der Wolf ist begierig, es kennenzulernen. Sie verabreden sich am Eingang des Paradieses, denn der Wolf möchte noch einige andere Wölfe mitnehmen. Bald darauf erscheint ein kleines Wolfsrudel, der junge Mann geht mit ihnen durch den Höhlengang und schaut ihnen nach, wie sie auf der anderen Seite in einer Reihe hintereinander durch den Schnee traben. (Die Entlassung der Wölfe aus dem Paradies erfolgte in der Imagination erst nach Abschluß des nächsten Kapitels. Ich habe den Bericht darüber vorweggenommen, um die Geschichte für den Leser übersichtlicher zu gestalten.)

Kommentar

Das Paradies, in dem das Ich* sich hier befindet, ist dem biblischen Paradies nachgebildet, aber mit einer wichtigen individuellen Abweichung. Das Böse besteht nicht in erster Linie im Ungehorsam wie in der biblischen Geschichte, sondern in der instinktiven männlichen Aggressivität. Das drückt sich im Bild des Wolfes aus, dem es verboten ist, seiner Natur zu folgen, zu jagen und Fleisch zu fressen. Als er das Verbot durchbricht, wird er zum Tod durch Verhungern verurteilt.

Auf den Patienten bezogen heißt das: In einer früheren Entwicklungsphase hat sich in ihm die Überzeugung festgesetzt, die natürlichen aggressiven Impulse, die jeder Junge verspürt, seien ein furchtbares Verbrechen. Deshalb hat er jede Regung dieser Art massiv abgewehrt. Die Folge war die Bildung eines abgespaltenen Komplexes*, den das Bild des Wolfs darstellt, der in einer unzugänglichen Höhle eingesperrt ist. Dieser Komplex enthält sehr viel Energie, denn die Aggressivität ist

eine wichtige Energiequelle. Die Abspaltung hindert das Ich daran, diese Energie bewußt einzusetzen, und vor allem, sie umzuwandeln. Bei normaler Entwicklung ist das Ich in der Lage, Aggressionsenergie in Arbeitsenergie zu verwandeln.
Aus dem Bild läßt sich ablesen, woran es liegt, daß der Patient unfähig war, in der Schule die seiner Intelligenz entsprechende Leistung zu realisieren.
Indem er den Wolf befreit und aus dem Paradies entläßt, knüpft er die abgerissene Verbindung zwischen dem Komplex und dem Ich in der Tiefe seiner Psyche* wieder an. Damit kommt der früher in diesem Bereich steckengebliebene Reifungsprozeß erneut in Gang.
Zur normalen Ich-Reifung gehört die Auseinandersetzung mit dem Gegensatzpaar Gut und Böse. Sie verläuft positiv, wenn das Ich lernt, auch das Böse in der eigenen Seele zu akzeptieren. Nur dann entwickelt sich ein Gleichgewicht zwischen beiden Seiten des Gegensatzes. Die Aufgabe für das Ich besteht darin, dieses Gleichgewicht ständig zu erhalten.
In unserem Fall war das nicht gelungen. Das abgewehrte Böse (der Wolf) ist durch die Abspaltung keineswegs verschwunden, sondern es macht sich selbständig und entzieht sich der Kontrolle durch das Ich. Es hatte sich gegen die Person des Patienten gekehrt und hatte begonnen, sein Leben zu zerstören. Die Ausbildung schien verpfuscht, und von den relativ harmlosen Drogen, die er nahm, war nur noch ein kleiner Schritt zu höchst gefährlichen. Er hatte das Glück, rechtzeitig zur Besinnung zu kommen.
Die Befreiung des Wolfes bedeutet psychologisch, daß das Ich nun fähig wird, sein «Böses» zu akzeptieren. Allerdings ist das erst der Anfang eines Prozesses, der seinem eigenen inneren Gesetz folgt und weitergeht, solange das Ich ihn nicht durch neue Abwehrreaktionen stört. Am Ende erwirbt der Patient die Fähigkeit, frei über die Energie zu verfügen, die mit dem Bild des Wolfs verbunden ist, und sie bewußt einzusetzen.

Nach dem Verschwinden der Wölfe setzt der junge Mann die Erforschung des Paradieses fort. Zusammen mit dem Mädchen und den Zwergen wandert er am See entlang bis zu der Stelle, wo der Abgrund ihnen den Weg versperrt hatte. Nun ist das Hindernis verschwunden. – Es ist warm, und das Mädchen äußert den Wunsch, baden zu gehen. Sie legt ihre Kleider ab, fordert ihn auf, das gleiche zu tun, und springt ins Wasser. Er hätte zwar Lust, ihr zu folgen, doch etwas hält ihn zurück. So geht er alleine weiter und ersteigt einen kleinen Hügel, der vor ihm liegt. Von oben sieht er eine Gruppe Menschen, die mit verschiedenen Arbeiten beschäftigt sind. Auffallend ist, daß immer zwei zusammen arbeiten, die gleich gekleidet sind und sich im Gleichklang bewegen, so daß sie wie Zwillingspaare aussehen. Jedes dieser Paare wirkt auf den Betrachter wie «eine unzertrennbare Einheit» (so formuliert der Patient es wörtlich). Da es schnell dunkel wird, geht er nicht weiter, sondern kehrt zu seinen Begleitern zurück.
Am nächsten Morgen sieht er, wie die Tiere angstvoll durcheinanderrennen, und spürt, daß die Erde bebt. Der kleine Hügel, den er am Vortag bestiegen hatte, hebt sich langsam in die Höhe und bildet eine senkrechte, unübersteigbare Felswand. Dann wird alles wieder ruhig. Die Landschaft ist nun in zwei Teile gespalten. Alle Tiere scheinen sich auf die Seite gerettet zu haben, auf der sich die Besucher befinden, während die Menschen auf der anderen Seite geblieben sind.
Der junge Mann geht an der Felswand entlang, bis er einen schmalen Durchschlupf findet. Drüben bietet sich ihm ein schrecklicher Anblick: Alles ist schwarz verbrannt oder mit Asche bedeckt, die menschlichen Paare sind auseinandergerissen, ihre Körper liegen kreuz und quer im Gelände und wirken wie tot. Trotzdem geht er zu ihnen und stellt fest, daß sie zwar bewußtlos sind, aber noch leben. Einzeln schleppt er sie zum Durchgang und bringt sie auf die andere Seite. Während er sie trägt, spürt er deutlich den Unterschied zwischen männlichen und weiblichen Körpern, und

er legt sie nach Geschlechtern getrennt in einer Reihe auf die Erde. Das Mädchen und die Zwerge haben Wasser geholt und beginnen nun, die Verletzten zu pflegen.
Am nächsten Tag folgt die bereits berichtete Entlassung der Wölfe aus dem Paradies, während die Menschen sich langsam zu erholen beginnen. Der junge Mann läßt sie unter der Obhut der Zwerge und des Mädchens zurück, während er selbst den Wölfen folgt. Später holt er die Menschen dann ebenfalls ins andere Land und zeigt ihnen im Talgrund ein Gebiet, auf dem sie sich ansiedeln können. Sie bauen sich Häuser, in denen sie paarweise leben und im Laufe der Zeit Familien bilden.

Kommentar

Auf die Darstellung der Gegensätze von Gut und Böse folgt unmittelbar das Erleben des Geschlechtsgegensatzes. Auch hierbei entspricht der Bedeutungsgehalt der Bilder der biblischen Erzählung, obwohl die Geschichte ganz anders verläuft. – Nachdem Adam und Eva das göttliche Verbot mißachtet und von der Frucht gegessen hatten, sagt die Bibel: «Sie sahen, daß sie nackt waren.» Die Deutung dieser Erzählung als Darstellung der beiden Urgegensätze gut/böse und männlich/weiblich, mit der die Bewußtseinsentwicklung beginnt, ist dem Patienten vollständig unbekannt und wird ihm auch nicht mitgeteilt, solange die Imaginationen dieses Thema behandeln.
Sein Erleben beginnt damit, daß das Mädchen im See badet und er dabei ihren nackten Körper sieht. Seine Hemmung, ihr zu folgen, mag Gründe haben, die dem Bewußtsein entstammen: anerzogene Scham zum Beispiel. Die Feststellung der Ursache scheint mir nicht wichtig, denn es handelt sich wohl hauptsächlich um eine Art gefühlsmäßiger Einstimmung, der die eigentliche bildhafte Darstellung des Problems dann folgt.

Zuerst erscheinen Zwillingspaare, die den noch unerkannten geschlechtlichen Gegensatz darstellen. Dann folgt die Trennung, die das Ich vollzieht, indem es Männer und Frauen in zwei Gruppen aufteilt. Das geschieht ganz spontan ohne bewußte Überlegung. – Der gewaltsame Ablauf des Vorgangs, vom Unbewußten* als Erdbeben in Szene gesetzt, zeigt an, daß diese Bilder mit sehr viel Energie geladen sind. Am Ende steht, wie in der Bibel, das Verlassen des Paradieses.

Das Paradies ist ein symbolisches Bild für den Urzustand völliger Unbewußtheit. Es gibt weder Gegensätze noch Konflikte. In der Erzählung der Bibel repräsentiert Gott, psychologisch betrachtet, das steuernde Zentrum der Psyche, das «Selbst»*. Die Urmenschen haben keine eigenen Wünsche, weil sie noch kein Ich haben. Es gibt nur das Selbst als übergeordnetes Bewußtsein. Doch dann stellt Gott ein Verbot auf, und damit erzeugt er den ersten Konflikt. Das Verbot schafft eine Wahlmöglichkeit; die Menschen können es einhalten oder übertreten. Indem sie das erfassen, erwacht ihr Bewußtsein.

Dadurch spaltet sich das Gottes*bild,* und die Schlange wird sichtbar. Sie repräsentiert das Böse als Vorstufe des Teufels. Sobald die Menschen sie wahrnehmen, wird ihnen der Gegensatz zwischen Gut und Böse bewußt. Hier zeigt sich das Bewußtsein als trennendes Organ. Es spaltet das Gottesbild in zwei Teile.

Der mit dem Gegensatz verbundene Konflikt erscheint jetzt auf zwei Ebenen. Auf der höheren Ebene des *Selbst* zwischen Gott und Schlange und auf der unteren Ebene des *Ich* zwischen Gehorsam und Ungehorsam. Ein Teil des Selbst – die aus dem Gottesbild abgespaltene Vorstellung von «Gott» – hat den Wunsch, die Menschen in ihrer ursprünglichen Unbewußtheit festzuhalten, und gleichzeitig hat der andere Teil des Selbst – die aus dem Gottesbild abgespaltene Vorstellung von der «Schlange» – das Bedürfnis, ihnen ein Bewußtsein zu geben. Adam möchte «Gott» folgen und Eva der «Schlange».

Damit verschränkt sich der Gegensatz zwischen Gut und Böse mit dem Gegensatz der Geschlechter.
Psychologisch gesehen ist das Paradies in dem Augenblick verloren, in dem die Möglichkeit einer Wahl zwischen zwei Alternativen erscheint. Jede Wahlmöglichkeit bedeutet einen Konflikt, und zwei Möglichkeiten sind identisch mit einem Gegensatz. Das Paradies jedoch ist der von Gegensätzen freie Zustand. Die Erzählung der Bibel ist für den Psychologen eine bildhafte und höchst dramatische Darstellung dieses Tatbestandes.
Die Geschichte von der Versuchung im Paradies wiederholt sich in irgendeiner Form bei der Ich-Reifung jedes einzelnen Menschen in früher Kindheit. Dabei liegt die Schwierigkeit in der Bewältigung des Konflikts. Kein Kind will böse sein, und ebensowenig will es, daß Vater oder Mutter ihm böse sind. Im realen Leben ist jedoch beides nicht zu vermeiden. Es entsteht Angst vor Liebesverlust, und diese Angst veranlaßt manche Kinder zu dem Versuch, das Problem zu lösen, indem sie brav sind und – um im Bild zu bleiben – «Gott» folgen statt der «Schlange». Das aber bedeutet ein teilweises Steckenbleiben der Bewußtseinsentwicklung.
Der Patient war solch ein braves Kind, das seinen inneren Wolf einsperrte mit der Folge, daß er später, in der Pubertät, weder die Aggressivität noch die Sexualität richtig einzuordnen vermochte. In der therapeutischen Regression* fand er die Möglichkeit, das liegengebliebene Problem wieder aufzunehmen und zu lösen, und zwar durch die Wiederbelebung der alten kollektiven Bilder in einer persönlichen Variante.
Die Rückkehr ins Paradies ist gleichbedeutend mit dem Gang «zu den Müttern», das heißt zur archetypischen* Figur der «Großen Mutter», die mehr oder weniger deutlich in Erscheinung tritt. Hier ist sie nur angedeutet durch die Verbindung des Mädchens mit den Zwergen. Das Mädchen symbolisiert das Weibliche in der Psyche des Patienten. Daß sie nicht die persönliche Anima* verkörpert, wird in einer späte-

ren Phase deutlicher, in der sie mütterliche Züge gewann (in diese Arbeit nicht aufgenommen). Hier sind es vor allem die Zwerge, die darauf hinweisen. Symbolisch sind sie meistens rudimentäre männliche Anteile der «Großen Mutter»; wo sie leben, herrscht das Matriarchat.
Aus dieser Perspektive erscheint nun die Badeszene in einem anderen Licht. Es könnte sein, daß hinter der Aufforderung des nackten Mädchens an das Ich, mit ihr ins Wasser zu kommen, eine Einladung zum Inzest* verborgen ist. Ihr zu folgen, würde psychologisch eine Verschmelzung des Ich mit der Anima und damit eine Verstärkung der Unbewußtheit bedeuten. So gesehen, war die Ablehnung durch das Ich ein Zeichen für seinen gesunden Instinkt*.
Positiv ist auch, daß es sich vom Anblick der verbrannten Erde nicht abschrecken ließ, sondern sich den scheinbar Toten zuwandte und sie genau untersuchte. Das führte zur bewußten Unterscheidung der Geschlechter. Die spontane Handlung zeigt, daß sich das Ich wirklich aktiv mit dem Unbewußten auseinandersetzt.

Imaginationen

Der junge Mann verläßt das Paradies und folgt den Spuren der Wölfe, die sich im Schnee deutlich abzeichnen. Er sieht, wie von Zeit zu Zeit eine einzelne Fährte abzweigt, und schließt daraus, daß die Tiere sich getrennt haben. Ein Wolf hat die Richtung nach dem Berg eingeschlagen, auf dem der Einsiedler haust. Dieser Spur folgt er, und in der Wohnhöhle des Alten, der selbst nicht zu sehen ist, findet er das Tier. Es ist der Wolf, dem er im Paradies geholfen hatte. Sie begrüßen sich wie alte Freunde, und in der folgenden Nacht schlafen sie nebeneinander.
Als er am anderen Morgen erwacht, sieht er den Einsiedler im Eingang der Höhle sitzen. Plötzlich überfällt ihn die Vorstellung, der Alte könne Gott sein und der Wolf der Teufel, und wenn der

Teufel erwache, werde er sofort zur Hölle fahren, da er Gott nicht anschauen dürfe. Doch dann setzt der Wolf sich auf, streckt dem alten Mann die rechte Pfote entgegen, der ergreift sie und schüttelt sie herzhaft.

Nachdem der Alte auch den jungen Mann begrüßt hat, macht er sich auf den Weg zu seinem gewöhnlichen Sitzplatz, der höher auf dem Berg liegt. Der Junge folgt ihm, und plötzlich sieht er auf dem Hinterkopf des Einsiedlers ein zweites Gesicht, eine böse, teuflische Fratze. Er erschrickt und bleibt ein wenig zurück, um den Abstand zu vergrößern. Doch es geschieht nichts Unerwartetes. Oben angekommen, setzt sich der Einsiedler ruhig nieder und fordert seinen Begleiter auf, neben ihm Platz zu nehmen. Der erzählt nun, was er gesehen hat und daß ihm der Anblick Angst machte. Der Alte sagt, jeder Mensch habe eine solche Rückseite; es komme nur darauf an, sie unter Kontrolle zu halten. Man dürfe ruhig zulassen, daß sie Grimassen schneide, doch man dürfe sich nicht von ihr beherrschen lassen. Normalerweise bleibe die Rückseite unsichtbar. Er habe sie nur deshalb gesehen, weil er eine zu gute Meinung von ihm hatte. Aber er sei auch nur ein Mensch.

Dann setzt er hinzu, auch der Wolf habe noch eine andere Seite; er solle nur einmal hinunterschauen. Der Junge steht auf und blickt zur Höhle. Dort sieht er neben dem Feuer einen jungen Mann liegen, von dem ein goldener Schein ausgeht. Bald darauf verwandelt er sich jedoch wieder in den Wolf.

Kommentar

Der Einsiedler ist der «alte Weise», eine Figur, die in den Imaginationen mancher Patienten eine zentrale Rolle spielt. Sie erweckt den Eindruck, das gesamte Feld der Psyche, auch die unbewußte Seite, zu überblicken und genau zu wissen, was für das Ich gut ist. Sie personifiziert ein überlegenes Wissen, das im Unbewußten lokalisiert ist, und entspricht wohl dem, was die Inder als «höheres Ich» bezeichnen.

Durch das Bild eines Januskopfes (römischer Gott mit zwei verschiedenen Gesichtern) korrigiert der alte Mann eine Vorstellung des Patienten, die aus dem religiösen Bereich stammt. Seine Ansicht, der Teufel dürfe Gott nicht anschauen, bedeutet psychologisch das Auseinanderreißen der Gegensätze Gut und Böse. Den Teufel in die Hölle zu fixieren, heißt für den heutigen Menschen – wahrscheinlich im Gegensatz zu dem, der vor 2000 Jahren lebte –, das Böse in der Psyche abzuspalten. Genau das hat der Patient immer getan. Für sein psychisches Gleichgewicht wäre es zweckmäßiger, wenn er den Teufel als Gegengott oder noch besser als eine Seite Gottes ansehen würde.
Wenn das Ich den «alten Weisen» als Gottesbild betrachtet, so führt dieser ihm vor, daß «Gott» beide Seiten des Gegensatzes in sich vereinigt. Der Einsiedler weist die Überhöhung seiner Person zurück, indem er ausdrücklich sagt, er sei nur ein Mensch. Damit stellt er klar, daß es nicht um ein religiöses Problem geht, sondern um ein psychologisches. Die teuflische Rückseite stellt seinen – negativen – «Schatten»* dar, und er belehrt das Ich, daß der Schatten zu jedem Menschen gehört und wie man mit ihm umgehen sollte.
Durch die vorweggenommene Verwandlung des Wolfs in einen Menschen zeigt er dem Ich seinen eigenen – und zwar positiven* – Schatten. Zu einem späteren Zeitpunkt verwandelt sich das Tier endgültig in den jungen Mann, den er hier für einen Augenblick gesehen hat. Noch später wird ein zweiter Wolf zu einer Schattenfigur.
Im weiteren Verlauf zeigen beide jungen Männer durchaus positive Eigenschaften wie Mut, Fleiß und Hilfsbereitschaft. Daraus ergibt sich, daß die Aggressivität, die das ursprüngliche Bild des Wolfs ausdrückt, nur vordergründig ist. Dahinter liegt ein breites Spektrum von Möglichkeiten, die im Instinkt angelegt sind und zur Wirkung kommen, sobald die Angst überwunden ist, die der aggressive Aspekt auslöst.
Und diese Möglichkeiten sind alles andere als böse. Das be-

deutet: ob ein unbewußter Inhalt der individuellen Psyche identisch ist mit dem Bösen oder nicht, das hängt davon ab, wie das Ich sich zu ihm einstellt. Zunächst glaubt das Ich, es müsse die innere Figur (den Wolf) ablehnen, weil sie böse sei. Dann zeigt sich jedoch, daß sie nur deshalb als böse erscheint, weil das Ich sie ablehnt. Wenn es sich dazu überwinden kann, die Ablehnung aufzugeben, ändert sich das Bild. Der Anschein des Bösen verflüchtigt sich oder wandelt sich sogar ins Gegenteil.

Der Stotterer oder der therapeutische Mißerfolg

Der Patient, von dem nun die Rede ist, bringt es nicht fertig, auf die Angebote des Unbewußten* beweglich zu reagieren, sondern bleibt auf eine bestimmte Einstellung fixiert. Wahrscheinlich hat er nie wirklich verstanden, daß die Figuren, die das Böse repräsentieren, auch zu ihm gehören und akzeptiert werden wollen. Er handelt, als betrachte er sie als etwas Fremdes, das von außen auf ihn eindringt und mit allen Mitteln abgewehrt werden muß.
Das entspricht seinem Symptom, denn er stotterte. Zur Zeit der dargestellten Imaginationen* war er etwa 16 Jahre alt. Sozial eher überangepaßt, wie die ganze Familie, hatte er keine weiteren Probleme. Mit dem Ende der Imaginations-Serie gab er die Therapie auf, obwohl sein Sprachfehler nicht behoben war.

Imaginationen

Die Geschichte beginnt auf einem Bauernhof, der auf einem Berg über einem kleinen Dorf liegt. Der Bauer lebt allein und hat nur eine junge Magd als Hilfe bei seiner Arbeit. Er freut sich deshalb über die Ankunft des Jungen, empfängt ihn freundlich und fordert ihn zum Bleiben auf. Da das Haus klein ist, muß er mit der Magd im gleichen Zimmer schlafen.
Am nächsten Morgen hilft er dem Mädchen, die Tiere aus dem Stall auf die Weide zu treiben. Es sind Kühe und Pferde. Dann geht er zum Bauern, der schon auf dem Feld arbeitet. Kaum ist er dort angekommen, als er einen Schrei hört. Er dreht sich um und sieht, wie ein Pferd die Magd zu Boden wirft und auf ihr herumtrampelt. Beide Männer laufen schnell hin, heben die Bewußtlose auf und bringen sie ins Haus. Der Bauer meint, sie sollten sie so-

fort mit dem Wagen ins Dorf bringen, aber sie ist schon wieder zu sich gekommen und sagt, es sei gar nicht so schlimm; sie fühle sich wieder ganz wohl. Vorsichtshalber bringen sie sie jedoch zu Bett und gehen dann wieder aufs Feld.
Als sie gegen Mittag ins Haus zurückkommen, liegt die Magd im Schlafzimmer auf dem Fußboden und ist tot. Nun spannen sie zwei Pferde vor den Wagen und bringen die Leiche ins Dorf. Sie wird in der Kirche aufgebahrt und später beerdigt.

Kommentar

Daß in der ersten Imagination ein junges Mädchen auftaucht, um schon in der zweiten wieder beseitigt zu werden, wirkt sehr merkwürdig. Es ist nur zu verstehen, wenn man weiß, daß eine andere Imaginations-Serie vorherging, in der die «Anima»* eine beherrschende Rolle spielte. Das gemeinsame Schlafzimmer für das Ich* und die Animafigur in der neuen Geschichte deutet die innere Verbindung zur alten an. Wie damals ist der Kontakt zwischen Ich und Anima zu eng. Von Sexualität ist keine Rede, aber auch wenn das der Fall wäre, so würde es an der Bedeutung des Bildes nichts ändern.
Sexualität in der Imagination stellt eine symbolische Verschmelzung des Ich mit der gegengeschlechtlichen Seite der eigenen Person dar, und das ist nur selten wünschenswert. – Daß die weibliche Figur in der vorliegenden Geschichte stirbt, das heißt im Unbewußten verschwindet, ist keine Lösung des Problems. Es bedeutet nur: Jetzt geht es um eine andere Frage, und zwar um die instinktive Aggressivität.
Ein Pferd greift das Mädchen an und verletzt es. Das Pferd ist im allgemeinen ein Bild für den tragenden Instinkt*. Von daher gehört es eher zur mütterlich-weiblichen Seite der unbewußten Psyche*. Die Aggressivität dagegen gehört zur männlichen Seite. Es besteht daher der Verdacht, daß hier männliche und weibliche Anteile der Psyche miteinander

verschmolzen sind, die eigentlich klar voneinander getrennt sein sollten.

Verschmelzungsphänomene männlicher und weiblicher Aspekte treten immer dann auf, wenn die Bewußtseinsentwicklung in einem frühen Stadium steckengeblieben ist. Dasselbe gilt für das Gegensatzpaar Gut und Böse. Natürlich ist davon nie das gesamte Bewußtsein betroffen, sondern lediglich bestimmte Teile. Im vorliegenden Fall wird das Weibliche ins Unbewußte zurückgezogen, damit das Männliche ins Blickfeld treten kann. Das geschieht in der nächsten Imagination.

Imaginationen

Der Junge und der Bauer sind nun allein. Während sie auf dem Feld arbeiten, sehen sie plötzlich aus dem Stall Rauch aufsteigen. Sie rennen hin und können das Feuer gerade noch löschen. Ein Teil des Gebäudes jedoch ist unbrauchbar geworden und muß erneuert werden.

Nun satteln sie zwei Pferde, reiten ins Dorf und gehen ins Wirtshaus. Dort sitzt ein fremder Landstreicher. Sie sprechen ihn an und finden heraus, daß er den Stall angezündet hat. Er sagt, er habe verhindern wollen, daß die Tiere darin eingesperrt werden. Er selbst habe einmal im Gefängnis gesessen und habe den Gedanken nicht ertragen können, daß die Tiere ihrer Freiheit beraubt würden. Sie übergeben den Mann dem Dorfpolizisten und gehen zum Richter, um ihm alles zu erzählen.

Am nächsten Tag soll die Gerichtsverhandlung stattfinden. Vorher allerdings muß der Landstreicher am Brunnen gewaschen werden, weil er so schmutzig ist, daß er furchtbar stinkt. Dann schildert der Junge den Hergang vor den versammelten Männern des Dorfes und macht den Vorschlag, dem Delinquenten die Strafe zu erlassen, falls er sich bereit erklärt, beim Wiederaufbau der verbrannten Teile des Gebäudes zu helfen und so den Schaden wiedergutzu-

machen. Alle sind mit dieser Lösung einverstanden. (Die Idee, mit dem Problem auf diese Weise fertig zu werden, stammte zwar vom Therapeuten und war vor Beginn der Imagination geäußert worden, aber der Patient ging bereitwillig darauf ein.)
In der Folge stellt sich heraus, daß der Landstreicher gelernter Zimmermann und ein sehr geschickter Arbeiter ist, und bald ist der Stall wiederhergestellt. Doch dann ertappt der Junge den Mann bei dem Versuch, den Bauern zu bestehlen. Als er ihn zur Rede stellt, zieht der andere ein Messer und greift ihn an. Beim folgenden Kampf erweist sich der junge Mann als gewandter; es gelingt ihm, dem Angreifer das Messer zu entwinden. Er legt es beiseite und fragt den anderen, was sein Verhalten bedeute. Der gibt eine ausweichende Antwort und greift von neuem nach dem Messer. Nun bleibt dem Jungen keine andere Wahl, als ihm die Waffe nochmals abzunehmen und ihn damit zu erstechen. – Dann sucht er den Bauern und findet ihn tot. Der Landstreicher hatte ihn schon vorher umgebracht. Er alarmiert den Richter, der mit einigen Männern aus dem Dorf kommt, um alles anzusehen und die Leichen wegzubringen. Danach bleibt der Junge allein zurück. In der Nacht wird er von beißendem Brandgeruch geweckt. Das ganze Haus steht in Flammen. Es gelingt ihm zwar, die Tiere zu retten, doch alles andere wird zerstört.

Kommentar

Was in der ersten Imagination nur angedeutet war, wird nun deutlich dargestellt. Es geht um eine Auseinandersetzung zwischen dem Ich und der unbewußten aggressiven Männlichkeit. Der Landstreicher ist eine Schattenfigur*, die das verkörpert, was vom Ich am stärksten abgewehrt wird: das in der Psyche vorhandene Aggressionspotential. Wie böse diese Seite ihm vorkommt, ergibt sich schon aus der Feststellung, daß der Kerl schmutzig ist und stinkt. – Trotzdem führt der Patient meinen Vorschlag zur Wiedergutmachung der Brandstiftung aus mit der Folge, daß die positiven Möglichkeiten sichtbar werden, die auch in dem Landstreicher stecken. Er erweist sich als geschickter Arbeiter, das heißt, ein Teil der Aggressionsenergie wird vorübergehend in Arbeitsenergie umgewandelt. Doch dann folgt der tätliche Angriff auf das Ich.

Dieses Umkippen zeigt, daß der Patient meiner Anregung nur äußerlich gefolgt ist, weil er ein braver Junge war, daß es ihm aber nicht gelang, den Landstreicher von innen her zu akzeptieren. Hätte er in der gemeinsamen Arbeit eine positive Beziehung zu der Figur herstellen können, so wäre es gar nicht zu dem Angriff gekommen, und die ganze Geschichte hätte einen anderen Verlauf genommen. Natürlich wäre dann auch der Bauer am Leben geblieben, denn seine nachträglich festgestellte Ermordung hat ganz offensichtlich den Zweck, die eigene Handlungsweise zu rechtfertigen. In Wahrheit verfolgte das Ich von Anfang an konsequent das Ziel, das Böse, das da unversehens in der Gestalt des Landstreichers aus der Versenkung aufgetaucht war, so schnell wie möglich wieder darin verschwinden zu lassen. Es hatte Erfolg damit, und zwar gerade deshalb, weil es weitgehend unbewußt handelte.

Die Aufgabe, die dem Ich gestellt war, könnte man so umschreiben: Es soll erkennen, daß der Landstreicher auch zur eigenen Person gehört, und es soll ihn annehmen, und zwar so, wie er erscheint: verwahrlost, schmutzig und stinkend. Das mißlingt, weil die Abwehr zu stark ist. Die Einstellung gegenüber dem Bösen im eigenen Innern ist starr fixiert und kann nicht in Frage gestellt werden. – Dabei geschieht aber etwas Unerwartetes: Indem das Ich den Angreifer «aus Notwehr» tötet, ist es völlig identifiziert mit dem, was er verkörpert, und wird, psychologisch gesehen, selbst zum Mörder. Darin zeigt sich die Problematik jeder Verdrängung*. Das Verdrängte verschwindet zwar aus dem Blickfeld des Bewußtseins, aber gerade das ermöglicht es ihm, unbemerkt ins

Ich hineinzuschlüpfen und dessen Handlungen zu bestimmen.

Die kurze Kampfpause und der Versuch zu einem Gespräch erfolgte aufgrund einer Intervention von meiner Seite. Solch ein Eingriff kann gelingen, wenn das Ich in seiner Haltung schwankt und noch nicht festgelegt ist. In diesem Falle jedoch deponierte das Ich das Messer an einer Stelle, die der Angreifer bequem erreichen konnte. Das heißt, es war äußerlich folgsam, innerlich aber völlig überzeugt von der Nutzlosigkeit dieses Versuchs.

Das Kapitel beginnt und endet mit einem zerstörerischen Brand. Feuer kann verschiedene Bedeutungen haben. Hier ist es wohl der symbolische Ausdruck einer ungesteuerten psychischen Energie. Darin zeigt sich noch einmal das ganze Problem: Der Patient fühlt sich unfähig, die aggressive Energie, die in ihm steckt, zu lenken. Das ist der tiefste Grund für sein Verhalten gegenüber der Figur, die diese Energie verkörpert.

Ein Detail ist noch von Interesse: Wenn der Landstreicher sagt, er könne den Gedanken nicht ertragen, daß die Tiere im Stall eingesperrt würden, so liegt darin ein Hinweis auf ein allgemeineres Problem des Patienten. Freilebende Tiere symbolisieren ein ungehemmtes, natürliches Wirken der Instinkte. Tiere, die eingesperrt sind, drücken den Versuch aus, den Instinkt durch Abkapselung unter Kontrolle zu bringen. Auch das ist eine Form der Verdrängung, die zur Bildung eines abgespaltenen Komplexes* führen kann.

Es geht um ein Problem, das hinter der Figur des Landstreichers andeutungsweise erkennbar wird: um die Abwehr der gesamten Triebsphäre, in erster Linie der aggressiven und sexuellen Impulse. Daß der Landstreicher diese Abwehr – das Einsperren der Tiere – «nicht ertragen kann», zeigt dem außenstehenden Beobachter erneut seine positive Bedeutung, läßt ihn für das Ich jedoch besonders gefährlich erscheinen.

Die Zerstörung des Bauernhofes durch das Feuer scheint mir

auszudrücken, daß die Abwehrmanöver des Ich die Triebenergie erst recht unkontrollierbar machen.

Imaginationen

Auf dem herrenlos gewordenen Bauernhof mit den abgebrannten Gebäuden kann der Junge natürlich nicht bleiben. «Zufällig» ist der Besitzer des Dorfwirtshauses gerade gestorben, und zwar eines natürlichen Todes, wie ausdrücklich festgestellt wird. Der Richter schlägt deshalb vor, er solle die verwaisten Tiere an die Bauern im Dorf verteilen und selbst das Wirtshaus übernehmen. Er geht gern darauf ein und wird in der Folge zum Mittelpunkt des Dorfes, da die meisten männlichen Bewohner ihre Mahlzeiten bei ihm einnehmen und auch sonst oft ins Wirtshaus einkehren.

Bald nach der Übersiedlung macht jemand den Vorschlag, die Handwerker sollten sich zusammentun und am Fluß, der in der Nähe vorbeifließt, gemeinsam eine Mühle bauen. Der Richter und der junge Mann beteiligen sich ebenfalls, die Arbeit geht schnell voran, und schon nach wenigen Tagen beginnt sich das Mühlrad zu drehen.

Um die Bauern in der weiteren Umgebung von der neuen Möglichkeit, ihr Korn zu mahlen, zu unterrichten, unternehmen die Besitzer der Mühle einen gemeinsamen Ausritt. Als sie sich mitten auf einem Übergang befinden, der durch eine Holzbrücke gebildet wird, beginnt diese plötzlich zu schwanken und bricht zusammen. Sechs Reiter sind noch hinübergekommen, drei stürzen ab und werden in der Tiefe zerschmettert.

Bei einer genauen Untersuchung stellt sich heraus, daß jemand die Tragbalken der Brücke angesägt hat, so daß sie bei einer größeren Belastung einstürzen mußte. Der Junge hat einen Verdacht, der sich bald bestätigt. Es war der Richter, der auf diese Weise die Mitbesitzer beseitigen wollte, um die Mühle danach für sich allein zu haben. Als er merkt, daß ihm jemand auf die Schliche gekommen ist, versucht er zu fliehen. Doch der Junge hat ihn beobachtet.

Er hat ein Gewehr zur Hand, schießt ihn ins Bein und macht ihn so bewegungsunfähig. Dann ruft er alle Männer zusammen und erklärt ihnen, was er ermittelt hat. Der Richter wird einstimmig zum Tod verurteilt und gleich anschließend hingerichtet.
Nach diesen Ereignissen erscheint ein großer brauner Bär und beginnt die Mühle zu demolieren. Der Junge spricht ihn an und erfährt, daß der Bär mit seiner Familie in der Nähe lebt, daß er mit dem Richter befreundet war und nun Rache nehmen will an denen, die ihn getötet haben. Erst als die Dorfbewohner versprechen, ihm Honig zu liefern und ihn auch sonst ebenso gut zu behandeln, wie das der Richter getan hat, beruhigt er sich.

Kommentar

Der Beginn dieses Kapitels zeigt das Ich in einer neuen Rolle. Als Gastwirt und Dorfkoch stellt er so etwas wie die Mutter des Dorfes dar. Dazu paßt, daß Frauen, die in einem Dorf ja eigentlich vorhanden sein sollten, gar nicht in Erscheinung treten. Das deutet auf eine weitgehende Identifikation des Ich mit dem Weiblichen hin. – Es erklärt ein Stück weit die im ersten Kapitel erwiesene Unfähigkeit, die männliche Aggressivität zu akzeptieren.
Das Zusammenleben mit der Männergesellschaft der Dorfhandwerker und die gemeinsame Arbeit kann als ein neues Angebot des Unbewußten interpretiert werden. Durch den intensiven sozialen Kontakt mit einem männlichen Kollektiv könnte das Ich eine positivere Einstellung zur eigenen Männlichkeit gewinnen. Doch der Versuch scheitert an der Figur des Richters. Ausgerechnet der Hüter des Rechts begeht ein krasses Unrecht. Was bedeutet das?
Das Ich betätigt sich zuerst als Polizist, indem es den «Verbrecher» entlarvt und seine Flucht verhindert, und dann als Richter, indem es seine Verurteilung veranlaßt. Dabei fühlt es sich völlig im Recht, weil der Patient die moralischen Be-

griffe, die in seiner realen Umwelt gültig sind, auf die Innenwelt überträgt. Das ist jedoch völlig unangemessen. Ein Mord in der Realität bedeutet die vollständige und endgültige Vernichtung eines Lebewesens. In der Symbolwelt der Imaginationen dagegen bedeutet ein Mord das Zurückschieben einer Figur in eine tiefere Schicht des Unbewußten, aus der sie jederzeit wieder auftauchen kann.

Wenn so etwas geschieht, sollte das Ich versuchen, den wahren Grund herauszufinden. Der ist stets überraschend und psychologisch aufschlußreich. Die Begründung für den Mord, die das Ich hier liefert, gibt nur seine eigene, vorgefaßte Meinung wieder. Die Figur des Richters stellt den Entwicklungsstand des Patienten dar, bezogen auf das Gegensatzpaar Gut und Böse. Beide Seiten des Gegensatzes liegen noch ungetrennt beieinander und erscheinen deshalb gleichzeitig in einer Figur. In dieser Hinsicht ist der ungerechte Richter ein Bild von einprägsamer Klarheit.

Es ist nicht notwendig, daß der imaginierende Patient die Symbolik solcher Bilder richtig versteht. Aber wenn er sie falsch versteht, so führt ihn das mit Sicherheit in die Irre. Am besten ist es, er versucht gar nicht zu verstehen, solange die Imagination im Gang ist. Er soll sich sogar bewußt bemühen, nicht zu interpretieren, sondern einfach anzunehmen, was vorkommt. Alles, was im Bild erscheint, ist ein Teil der eigenen Seele*, und irgendeine Figur abzulehnen heißt immer: sich selbst ablehnen, und das kann nur schaden.

Wieder scheitert der Patient, weil er versucht, das «Böse» zu eliminieren, und wieder merkt er nicht, wie es ihn von hinten erfaßt. Er schießt auf den Richter, diesmal sogar ohne die Ausrede der Notwehr, und dann läßt er ihn hinrichten, obwohl er real in einem Lande lebt, in dem es keine Todesstrafe gibt.

Das Auftauchen des Bären scheint mir auszudrücken, daß die psychische Struktur, die der Richter verkörperte, auf die Tierstufe zurückgetreten ist. Der Bär ist eigentlich der verwandelte Richter, und das bedeutet eine Regression* in diesem Bereich der Psyche. Daß der Bär so schnell bereit ist, auf seine Rache zu verzichten, sollte nicht rationalistisch als die Wirkung einer Bestechung aufgefaßt werden. Ich möchte den Topf mit Honig als eine Opfergabe ansehen. In der Innenwelt ist ein Opfer die angemessene Sühne für ein Tötungsdelikt, weil es den Tod in dieser inneren Welt nicht gibt.

Imaginationen

Nach dem Tod des Richters wird die eingestürzte Brücke wiederaufgebaut, und dann hat der Junge den Einfall, beim Dorf einen Zoo einzurichten. Er besucht die Bären und fragt, ob sie bereit seien, als erste Bewohner in diesen Tierpark einzuziehen. Sie sind einverstanden, doch nur unter der Bedingung, daß sie nicht eingesperrt werden, sondern Ausgang bekommen, wann sie Lust dazu haben.

Während der Zoo im Bau ist, erscheint ein junges Mädchen im Wirtshaus und fragt nach Arbeit. Der junge Mann ist froh über die Hilfe, sie packt überall zu und ist bei den Gästen beliebt, doch ihm gegenüber ist sie recht aufdringlich. So zieht sie einfach in sein Schlafzimmer mit der Begründung, sie habe Angst, allein zu schlafen.

Als der Zoo fertig ist, kommt ein Mönch und bietet einige Wölfe an. Der junge Mann erfährt, daß es in der Nähe ein Kloster gibt und daß die dort lebenden Mönche zu ihrem Schutz Wölfe halten. Vier davon werden in einem Käfig untergebracht. Am nächsten Tag geht er zum Metzger des Dorfes, um Fleischabfälle für die Tiere zu holen. Gemeinsam bringen sie das Futter zum Zoo und betreten den Käfig der Wölfe. Die weichen zuerst zurück, dann beginnen sie zu fressen, doch plötzlich stürzt sich ein Wolf auf den Metzger und beißt ihm die Kehle durch. Der gleiche Wolf greift auch den Jungen an und faßt ihn am Hals, worauf er das Bewußtsein verliert. Als er wieder zu sich kommt, liegt er in seinem Bett und die neue Magd pflegt ihn. Er ist jedoch praktisch unverletzt und hat nur eine kleine Schürfwunde am Hals. Auch der Metzger ist am folgenden Tag wieder gesund, obwohl das Mädchen gesagt hatte, er sei tot.

Beim nächsten Besuch im Zoo ergibt sich ein seltsames Spiel: Der junge Mann betritt den Käfig der Wölfe, sie fletschen die Zähne und knurren ihn an, und er hat Angst. Dann spürt er plötzlich gewaltige Kräfte in sich, die Angst ist verschwunden, und nun ziehen die Wölfe den Schwanz ein und drücken sich winselnd in eine Ecke. Bald darauf kehrt sich die Lage wieder um und das gleiche Spiel beginnt von neuem.

Dann hört er eine Explosion aus der Richtung des Klosters. Er geht nachschauen und findet alles zerstört. In den Trümmern irrt ein Dutzend Wölfe herum, aber kein Mönch ist mehr zu sehen. Er bindet die Tiere mit einer Leine zusammen und bringt sie zu den anderen in den Zoo. Kaum sind sie alle im Käfig, da zuckt ein Blitz aus heiterem Himmel und verwandelt die Wölfe in Mönche.

Kommentar

Mit dem Bau des Zoos wird das Thema der eingesperrten Tiere wieder aufgenommen, das der Landstreicher am Anfang der Geschichte schon einmal erwähnt hatte. Tiere symbolisieren in der Imagination natürliche Instinkte. Wenn das Ich sie in einen Zoo zu sperren versucht, so spricht das für eine starke Abwehrhaltung gegen alles Instinktive und Triebhafte im eigenen Innern. Die Bären wehren sich gegen das Eingesperrtwerden, und in diesem Falle gibt das Ich nach. Das scheint darauf hinzudeuten, daß eine Änderung der Einstellung möglich ist.

Die Ankunft des Mädchens bedeutet das Wiedererscheinen der Magd, die zu Anfang durch das Pferd getötet worden war. Wenn sie auch etwas anders aussieht, ist sie doch die gleiche. Hier zeigt sich die Relativität der Begriffe «Leben» und «Tod» in der Innenwelt. Die Selbstverständlichkeit, mit der sie das Schlafzimmer des jungen Mannes bezieht, bestätigt noch einmal, wie sehr dieses Ich von der weiblichen Seite der Psyche beherrscht wird.

Grundsätzlich ist eine gute, aber nicht zu enge Beziehung zwischen dem Ich und der gegengeschlechtlichen Seite der Psyche wünschenswert. Symbolisch handelt es sich um die Darstellung des stärksten Gegensatzes, der denkbar ist. Um das ganz andere klar erkennen zu können, braucht es eine gewisse Distanz. Deshalb sind getrennte Schlafzimmer in der Imagination vorzuziehen. Das hat nichts mit Moral zu tun, sondern mit der Tatsache, daß zu große Nähe die Sicht ebenso trübt wie zu große Entfernung.

Der Angriff des Wolfs auf den Metzger und das Ich ist ein Abbild für die angstvolle Erwartung und die Unfähigkeit des Ich, seine Angst zu beherrschen. Das Bewußtsein wird durch die Panik ausgelöscht; das besagt der Ohnmachtsanfall. Aber im Unbewußten wacht die Anima (die Magd) und fängt das Ich auf. Sie ist nicht nur stärker als das Ich, sondern auch stärker als die Wölfe.

Die Wiederbelebung des Metzgers drückt erneut die Relativität des Todes aus.

Aufschlußreich ist die Verwandlung von Mönchen zu Wölfen und umgekehrt. Die Mönche stellen die geistige Seite des Männlichen dar, die Wölfe dagegen die Triebseite. Hier ist etwas in zwei gegensätzliche Bilder aufgespalten, das eigentlich zusammengehört. Wirkliche Mönche opfern ihre Triebhaftigkeit freiwillig und bewußt. Hier dagegen handelt es sich um eine unbewußte Spaltung. Das Umkippen von einer Seite zur anderen, so daß entweder nur die Wölfe oder nur die Mönche sichtbar werden, drückt die Unfähigkeit des Ich aus, beide Seiten des Gegensatzes zugleich wahrzunehmen. Dem entspricht auch das Kräftespiel, das darin besteht, daß entweder das Ich stark ist und die Wölfe schwach oder umgekehrt.

Hier zeigt sich noch deutlicher als bei der Angstreaktion die geringe Abgrenzung des Ich gegenüber dem Unbewußten. Das ist wohl auch die eigentliche Ursache für die starre Abwehrhaltung dieses Ich. Sobald es sie lockert, gerät es in Gefahr, vom Unbewußten überschwemmt zu werden. Die Frage ist, ob es sich um eine echte Gefahr mit vielleicht unabsehbaren Konsequenzen handelt oder nur um eine hypochondrische Befürchtung. Was für die zweite Version spricht, ist das Eingreifen der Anima während der Ohnmacht. Solange sie das Ich beschützt, besteht trotz aller Schwäche keine wirkliche Gefahr.

Imaginationen

Kaum hat sich der Junge von seiner Überraschung durch die Verwandlung der Wölfe in Mönche erholt, da sieht er eine riesige Kugel, die aus Glas zu sein scheint, vom Kloster in Richtung auf das Dorf rollen. Sie teilt sich in eine Anzahl kleinerer Kugeln auf, die alles in Brand setzen, was mit ihnen in Berührung kommt. Alle Häuser gehen in Flammen auf; nur das Wirtshaus bleibt unversehrt.

Eine der Kugeln rollt auf den Jungen zu, und er erkennt das Mädchen, das darin eingeschlossen ist. Sie streckt ihre Hand heraus und er greift danach, um sie herauszuziehen. Aber sie zieht ihn hinein. Das hat einen plötzlichen Szenenwechsel zur Folge: Die beiden jungen Leute stehen auf einer blühenden Wiese unter einem Apfelbaum, und das Mädchen sagt, nun seien sie wie Adam und Eva im Paradies.

In der Folge stellt sich heraus, daß dieses «Paradies» über der Erde schwebt, aber nicht sehr weit von ihr entfernt ist. Das verbrannte Dorf kann man unten liegen sehen. Außer der Wiese gibt es noch einen Wald, und auf einem Hügel steht ein Kloster, das genau so aussieht wie das Kloster beim Dorf vor seiner Zerstörung. Dieses Kloster erweist sich als der Sitz der Sonne. Hier verbringt sie die

Nacht, und von hier aus regiert sie die Welt. Sie hat auch die Kugeln geschickt, die das Dorf vernichtet haben. Kurz bevor sie sich am Abend zur Ruhe begibt, bekommt sie ein Gesicht, wie auf einer Kinderzeichnung, und der Junge kann mit ihr reden.
Aus dem Wald kommen die 16 Wölfe, die zugleich Mönche sind, doch nun verwandeln sie sich in gewöhnliche Männer in der Kleidung von Handwerkern. Nach ihnen erscheinen 16 Frauen, auf Befehl der Sonne, wie sie sagen, und verbinden sich mit den Männern zu 16 Paaren. Eine Straße bildet sich, die zum Dorf hinunter führt. Alle zusammen gehen dorthin und beginnen mit dem Wiederaufbau.
Am folgenden Tag stellt der Junge fest, daß anstelle des Zoos ein Bahnhof entstanden ist und daß Schienen in die weitere Welt hinausführen. Er besteigt den Zug mit einigen Männern aus dem Dorf, und sie fahren los. Die erste Station ist ein unbekanntes, ebenfalls verbranntes Dorf, das ganz menschenleer ist. Nur im Gefängnis befindet sich ein junger Mann, den sie befreien und mitnehmen. Er sagt, die Dorfbewohner hätten ihn eingesperrt, und das habe ihm das Leben gerettet.
Die Fahrt geht weiter, bis die Schienen am Fuße eines Vulkans in der ausgeflossenen Lava enden. Der Vulkan kann sprechen, und er sagt, dies sei das Ende der Welt. Sie sehen, wie jenseits des Kraters ein Stück Erde abbricht und in den Weltraum hinaussegelt, auf die Sterne zu, die dort sichtbar werden.
Nach der Rückkehr am Abend geht der Junge zur Sonne und erzählt ihr, was er erlebt hat. Sie sagt, auf dem abgespaltenen Teil der Erde seien die bösen Menschen gewesen. Inzwischen seien sie verbrannt. Der Vulkan sei ihr Bruder, er habe ihr geholfen. Sie habe die Erde von allem Bösen gereinigt und werde sie von nun an nur noch wärmen.

Kommentar

Während die Geschichte bisher in einer quasi-realen Welt spielte, findet nun ein deutlicher Übergang auf eine andere

Ebene statt. Das Paradies mit der Sonne als Mittelpunkt ist ein magischer Ort, der zum kollektiven* Unbewußten gehört. Der Begriff «Paradies» und der Apfelbaum als «Baum der Erkenntnis» sind der christlichen Tradition entnommen, aber die Sonne als göttliches Wesen, das von hier aus die Welt beherrscht, stammt aus viel älteren religiösen Überlieferungen.
Ganz individuell scheint die Vorstellung zu sein, daß die Sonne alles Böse auf der Erde ausrottet, so daß nur das Gute übrig bleibt. Seltsam paradox wirkt dabei die Art ihres Vorgehens, die keineswegs gut ist. Denn «das Böse» einschließlich der bösen Menschen wird einfach verbrannt. – Daraus ergibt sich für den außenstehenden Beobachter, daß die Sonne selbst gut und böse zugleich ist.
Die Art, wie die Sonne sich ausdrückt, vor allem die Bemerkung, sie werde die Welt in Zukunft nur noch wärmen, legt die Vermutung nahe, daß das Ich sie als mütterlich-weibliches Wesen erlebt. Andererseits ist die Sonne im Mythos fast immer männlich. Daraus darf man wohl den Schluß ziehen, daß diese spezielle Sonne auch Männliches und Weibliches in sich vereint. Damit wird sie zu einer ganz archaischen Urgottheit, die beide grundlegenden Gegensatzpaare gut/böse und männlich/weiblich in sich einschließt.
Die Therapie wurde an diesem Punkt abgebrochen. Aber ich bin überzeugt, daß gerade von hier aus eine positive Entwicklung möglich gewesen wäre.

Rückblick

Wenn man die Geschichte als Ganzes überblickt, so erkennt man innerhalb des psychischen Systems eine Bewegung in die Tiefe oder nach rückwärts, vom Standpunkt des Ich aus gesehen. Man könnte auch von einer schrittweisen Regression sprechen.

Das 1. Kapitel spielte in unmittelbarer Ich-Nähe mit dem Bauern als Vaterbild und dem Landstreicher als Schattenfigur, das heißt als Personifizierung einer ungelebten Möglichkeit für das Ich. Dann folgte ein Übergang auf die kollektive (bzw. soziale) Ebene des Dorfes. Die nächste Stufe war die von Tiergestalten, den Bären und Wölfen, gekennzeichnete Instinkt-Ebene. Am Ende steht, als tiefste Ebene, die magische Welt der Götter.

Das Thema war immer das gleiche: das ungelöste Problem des Gegensatzes von Gut und Böse. Am Ende ist klar, daß es auf den höheren Ebenen nicht gelöst werden konnte, weil in der Tiefe ein so arachaisches Götterbild wirksam war wie diese Sonne. Der Beginn einer Lösung hätte in einer Wandlung dieses Bildes bestehen müssen.

Dabei sind die Grundelemente für eine solche Wandlung schon erkennbar. Die Sonne hat einen Bruder in der Gestalt eines Vulkans. Für die schöpferische Phantasie des Unbewußten wäre es eine Kleinigkeit, aus Sonne und Vulkan ein Götterpaar zu gestalten und einem von beiden das Gute, dem anderen das Böse zuzuordnen. (Um kein Mißverständnis aufkommen zu lassen, möchte ich hier eine Bemerkung einschalten. Der Therapeut kann mit seinen Phantasien nicht das geringste zur Lösung solcher Probleme beitragen. Auch wenn sich der Patient Möglichkeiten dazu ausdenkt, das heißt, wenn er bewußt darüber phantasiert, bleibt das wirkungslos. Nur die spontan und unerwartet direkt aus dem Unbewußten auftauchende Lösung bewirkt etwas in der Psyche.)

Auf der kollektiven Ebene der Dorfbewohner ist das Problem des Geschlechtsgegensatzes durch das Hinzukommen der Frauen und die Paarbildung zumindest im Ansatz bereits gelöst. Die Beziehung zwischen Ich und Anima ist davon allerdings noch nicht direkt betroffen. Schließlich bleibt noch der junge Mann aus dem Gefängnis zu erwähnen. Er stellt eine Neuauflage des Landstreichers aus dem 1. Kapitel dar, so daß auch auf der persönlichen Ebene die Möglichkeit einer sinnvollen Lösung in Sichtweite ist.

Warum also der Therapie-Abbruch? – Der Patient fand einen äußeren Grund in einer Veränderung seiner Lebensumstände, die es ihm angeblich unmöglich machte, die Therapie fortzusetzen. Doch das war wenigstens zur Hälfte ein Vorwand. Der wahre Grund lag in seiner inneren Schwäche, die sich auch in den Imaginationen immer wieder zeigt. Um den notwendigen Strukturwandel in Gang zu bringen, hätte der Patient den Willen haben müssen, seine Einstellung zu ändern. Doch dazu war er nicht fähig. Oder ich war nicht in der Lage, ihm dazu zu verhelfen.

Der junge Mann und der Teufel

Die Imaginations*-Serie, deren Inhalt ich im folgenden wiedergebe, stammt von einem 17jährigen Jugendlichen. Er litt an einer Anorexie – zu deutsch Pubertätsmagersucht. Diese Erscheinung ist bei Mädchen relativ häufig, bei Jungen dagegen ziemlich selten. Der Sinn des Symptoms ist jedoch bei beiden Geschlechtern der gleiche. Es drückt eine massive Abwehr gegen alles aus, was mit der Geschlechtsreife verbunden ist. Die Sexualität steht dabei nicht im Vordergrund. Allgemein gesagt weigert sich der Jugendliche, erwachsen zu werden.

Zugrunde liegt wohl immer eine Entwicklungsstörung, deren Art und Schwere natürlich verschieden ist und individuell betrachtet und bearbeitet werden muß. Aus der vorliegenden imaginierten Geschichte ergibt sich ganz eindeutig, daß das Grundproblem des Jugendlichen eine schwere Aggressionshemmung war. Da der Umgang mit der Aggressivität ein wichtiges Zeitproblem in unserer Kultur ist, scheint mir der Fall von allgemeinerem Interesse zu sein. Dazu kommt, daß die Bilder einen Zusammenhang mit der christlichen Religion zeigen und daß die Lösung für manchen gläubigen Christen überraschend sein wird.

In bezug auf die Vorgeschichte kann ich mich kurz fassen. Das einzig Bemerkenswerte ist, daß der Patient als Sohn einer italienischen Familie in der Schweiz aufwuchs und deshalb zwischen zwei Kulturen steht. Er selbst ist völlig in seine Umgebung integriert, der Vater nur innerhalb seiner Arbeitswelt, und die Mutter scheint weitgehend isoliert zu sein. Bei der Untersuchung wiegt der Patient 42 kg und ist 1,60 m groß. Er sagt, er habe zu fasten begonnen, um weiblich wirkende Fettpolster an Hüften und Oberschenkeln loszuwerden. Jetzt gefalle er sich besser. Daß er sehr mager ist, scheint er nicht zu bemerken. Seine starken Hemmungen sind ihm dagegen bewußt – er wirkt sehr schüchtern und ängstlich –, und deshalb ist er auch bereit, sofort mit der Therapie zu beginnen.

Das Körpergewicht normalisiert sich bald. Schon nach einem Monat hat er 3 kg zugenommen, und nach fünf Monaten wiegt er 55 kg. Darauf wurde die Gewichtskontrolle eingestellt. Seine Bereitschaft, das Symptom so schnell aufzugeben, spricht für eine gewisse Krankheitseinsicht trotz aller Rationalisierungsversuche und für eine gute Beziehung zum Therapeuten. Sie blieb unverändert bis zum Abschluß der Behandlung nach 1½ Jahren.

Das imaginierte «Märchen» ist in 35 Einzelimaginationen entstanden – eine pro Woche. Es enthält die Darstellung des psychologischen Grundproblems und seine Lösung. Die dramatische Handlung stellt die innere Entwicklung dar, und die Auseinandersetzung mit der Hauptfigur, dem Teufel, treibt den Prozeß vorwärts.

Imaginationen

Die Imaginations-Serie beginnt in einem gewöhnlichen Tannenwald. Der Junge sitzt auf einem Stein und schaut sich um. Dann nimmt er einen Tannenzapfen auf, der unmittelbar neben ihm liegt, und beginnt ihn zu zerlegen. Während er damit beschäftigt ist, hört er einen Vogel pfeifen. Er schaut auf und sieht ihn von einem Zweig auf einen anderen hüpfen. Nun legt er ein paar Samen aus dem geöffneten Tannenzapfen auf seine flache Hand, hält sie dem Vogel entgegen und fordert ihn auf, sich das Futter zu holen. Der Vogel versteht ihn offensichtlich. Er schaut herunter, fliegt auf einen nähergelegenen Ast, hüpft dort ein paarmal unschlüssig hin und her, um sich schließlich ein Herz zu fassen und direkt auf der Hand zu landen.

Nachdem der Vogel seinen Hunger gestillt hat, fragt der Junge, ob er ihn durch den Wald führen wolle. Er ist dazu bereit und fliegt voran. Nun geht es über die Kuppe eines Hügels hinunter in ein tief eingeschnittenes Tal mit einem schmalen Fluß in der Mitte. Am Ufer liegt angeschwemmtes Treibholz. Da der junge Mann das Flüßchen überqueren möchte, baut er daraus eine provisorische Brücke. Doch sie bricht zusammen, als er das andere Ufer beinahe erreicht hat. Er wirft sich mit dem Oberkörper auf den Wiesenrand, kann aber nicht verhindern, daß Beine und Unterleib ins Wasser gleiten. Darauf zieht er die Hose aus und setzt seinen Weg in Unterhosen fort.

Bald schon kommt er zu einem Bauernhaus. Vor der Tür steht ein kleines, etwa 8jähriges Mädchen. Da er sich geniert, zieht er die nasse Hose schnell wieder an. Das Mädchen ist inzwischen im Haus verschwunden und kommt in Begleitung von Vater und Mutter zurück. Der Junge erzählt sein Mißgeschick, wird ins Haus geführt, bekommt eine trockene Hose und wird zum Essen eingeladen. Später erhält er ein Zimmer für die Nacht. Am nächsten Tag zeigt ihm der Bauer seine Felder und Wiesen, und es ergibt sich ganz von selbst, daß er bei der Arbeit hilft und vorläufig dableibt.

Eines Morgens spürt er den Drang, noch vor dem Frühstück einen Spaziergang zu machen. Er geht am Fluß entlang, bis er plötzlich einen Hund sieht, der aus dem Wald kommt. Er lockt ihn an – es ist ein junger, aber ausgewachsener Schäferhund –, streichelt ihn und fragt, wo er herkomme. Der Hund antwortet, er habe einen bösen Herrn gehabt und sei ihm davongelaufen. Er ist bereit, dazubleiben unter der Bedingung, daß man ihn nicht anbindet. Auch ein Halsband duldet er nicht. Nachdem seine Bedingung auch von den Bauersleuten akzeptiert worden ist, erweist er sich als zutraulich und hilft beim Weiden der Kühe.

Wieder vergeht einige Zeit, bis der Hund eines Tages zu dem Jungen sagt, er würde ihm gerne seine ursprüngliche Heimat zeigen; es sei sehr schön dort. Schon am nächsten Tag brechen sie auf. Die Bauersleute geben ihnen Proviant und Decken mit. Der Vo-

gel bleibt bei dem kleinen Mädchen, mit dem er sich angefreundet hat. Die Wanderung dauert einige Tage. Der Weg führt über eine weite Ebene und dann an einem Fluß entlang bis zu einer kleinen Stadt, die am Fuß eines Gebirges liegt. In der Ebene gelingt es dem jungen Mann, ein wildes Pferd anzulocken, so daß er reiten kann und sie schneller vorwärts kommen. Ihr Ziel liegt im Gebirge. Die letzte Nacht verbringen sie in einem Gasthaus. Als er sich dort nach dem weiteren Weg erkundigt, bekommt er zur Antwort, das Gebirge sei sehr gefährlich. Von den Männern, die den Aufstieg versucht hätten, sei keiner je zurückgekehrt. Doch sie lassen sich nicht abschrecken.

Ohne besondere Schwierigkeiten erreichen sie am Abend ein Hochplateau, und der Hund sucht den Ort, an dem das Haus seines früheren Herrn gestanden hatte. Es ist abgebrannt, und sie finden nichts mehr als einige verkohlte Balkenreste. So zünden sie in der Nähe ein Feuer an und richten sich ein Lager für die Nacht.

Der Mond scheint, und längere Zeit ist es ganz still. Doch plötzlich hören sie in der Ferne Wolfsgeheul, das schnell näherkommt. Dann erscheint in der Dunkelheit schattenhaft ein Wolfsrudel. Der Leitwolf an der Spitze ist ein Werwolf mit dem Kopf eines Menschen über dem Wolfskörper. Der Hund erkennt in ihm seinen ehemaligen Herrn.

Der Junge spricht den Werwolf an und fragt, was mit ihm geschehen sei. Er bekommt zur Antwort, Gott habe sein Haus mit einem Blitzstrahl angezündet und ihn gleichzeitig verwandelt, weil er ein böser Mensch sei. Dann sei der Teufel zu ihm gekommen und habe ihm versprochen, ihm die menschliche Gestalt zurückzugeben, wenn er 50 Menschen töte. 17 habe er schon umgebracht – er sei der achtzehnte. Der Junge meint, er an seiner Stelle würde sich nicht auf den Teufel verlassen. Wie, wenn der ihn belüge; wenn er gar nicht fähig sei, ihn zurückzuverwandeln? Er halte es für besser, Gott um Verzeihung zu bitten und Gutes zu tun. Dann werde ihm die Strafe sicher erlassen und er werde seine frühere Gestalt zurückerhalten. Der Werwolf denkt eine Weile nach, dann sagt er, er wolle sich die Sache noch weiter überlegen und komme

am nächsten Abend wieder. Er verläßt den Ort mit seinem Wolfsrudel, und für den Rest der Nacht bleibt alles ruhig.
Am nächsten Morgen führt der Hund seinen neuen Herrn zu einem anderen Haus in der Nähe, dessen Bewohner er von früher her kennt. Es ist ein junger Mann. Der Junge erzählt ihm die ganze Geschichte, und der andere meint, der frühere Nachbar solle sein Haus wieder aufbauen – sie beide könnten ihm dabei helfen – und den Hund wieder annehmen. Vielleicht genüge das schon, um Gott umzustimmen. Als der Werwolf am Abend kommt, diesmal allein, machen sie ihm einen entsprechenden Vorschlag. Er sagt, er wolle es versuchen, und bleibt bei ihnen.
In den folgenden Tagen arbeiten sie fleißig. Sie fällen Bäume und bauen an einem neuen Haus. Doch einmal, als sie wieder im Wald bei der Arbeit sind, erscheint plötzlich in einiger Entfernung ein Reiter. Er ist gekleidet wie ein Jäger und trägt Pfeil und Bogen in den Händen. Nachdem er sein Pferd angehalten hat, legt er an und schießt den Pfeil dem Werwolf genau ins Herz. Dann sprengt er davon, ohne ein Wort zu sagen. Der Junge ist überzeugt, daß dies der Teufel war.

Kommentar

Die Handlung kommt nur zögernd in Gang. Der Märchenwald dieses Burschen ist nahezu unbelebt und scheint nur einen kleinen Vogel zu enthalten. Das deutet auf viel Angst hin, deren Überwindung Zeit braucht. Der Vogel hat eine Führungsfunktion: er bringt das Ich* zum Bauernhof. Was sich dort abspielt, ist zunächst sehr realitätsnah. Das ist wieder ein Hinweis auf die Ängstlichkeit und Gehemmtheit des Patienten. Er versucht, nichts zuzulassen, was fremd und bedrohlich sein könnte.
Wenn man auf die symbolische Bedeutung der ersten Stationen des Weges achtet, kann man sehen, wie das Unbewußte* reagiert. Das Ich befindet sich zu Anfang auf der einen Seite

des Hügels. Der Vogel führt es auf die andere Seite, und dort geht es in ein tief eingeschnittenes Tal. Das heißt, der Weg führt in eine tiefere Schicht des Unbewußten. Im Tal muß der Fluß überquert werden, was schwierig und gefährlich ist. Der Übergang ist ein sehr typisches Bild, das häufig am Beginn einer Imaginationsserie erscheint. Der Bauernhof schließlich mit einem Elternpaar als Bewohner ist ein archetypisches* Bild, dessen Inhalt Sicherheit und Geborgenheit bedeutet. Die Zeit, die das Ich hier verbringt, dient dazu, Kräfte zu sammeln für die Reise ins Unbekannte, die hier ihren Anfang nimmt.

Das Erscheinen des Hundes ist eine spontane Reaktion des Unbewußten. Er symbolisiert den natürlichen Instinkt*, der die innere Entwicklung in Gang bringt. Sie beginnt mit einem langen Marsch durch eine Steppe. – Der normale Reifungsvorgang erfolgt in der Zeit, die das Kind durchlebt. Im künstlichen Prozeß einer Imaginationsserie wird die Zeit ersetzt durch den Raum in der Symbolik des Weges einer langen Wanderung.

Typisch ist die Warnung, die in unmittelbarer Nähe des Zieles erfolgt. Hier ist es der Gastwirt, der sagt, noch keiner sei aus dem Gebirge zurückgekehrt. Doch der «Held» läßt sich nicht abschrecken. Das Gebirge erscheint als ein Ort der Gefahr, und der Aufstieg ist mit Anstrengung verbunden.

Bei der Begegnung mit dem Werwolf wird das Thema klar, das bearbeitet werden soll. Es ist der Gegensatz zwischen Gut und Böse. Die Repräsentanten beider Seiten sind Gott und der Teufel. Das Böse erscheint gleich in zweifacher Gestalt: als Werwolf und als Jäger, der in Wahrheit der Teufel ist.

Der Jäger an und für sich ist ein archetypisches Bild für das primitive Männliche, insbesondere für dessen aggressive Seite. Seit es Menschen auf der Erde gibt, bis zur Erfindung des Akkerbaus und darüber hinaus, haben sie Wildtiere gejagt, um sich zu ernähren. Es ist daher nicht erstaunlich, daß der Jägerinstinkt im Unbewußten jedes Mannes noch vorhanden ist. Da er aber heute in der ursprünglichen Form nicht mehr gebraucht wird, muß die damit verbundene Energie umgewandelt werden, und zwar hauptsächlich in Arbeitsenergie. Das geschieht normalerweise unbemerkt im Laufe der Pubertätsentwicklung.

Nun mehren sich allerdings die Fälle, in denen die instinktive Aggressivität zum Problem wird. Regungen dieser Art und von ihnen verursachte Handlungen werden nicht mehr als natürlich empfunden, sondern im Gegenteil als unnatürlich betrachtet und als böse gewertet. Die Folge ist eine massive Abwehr, und damit gerät eine wichtige Energiequelle in die Verdrängung. Wenn das geschieht, ist keine Umwandlung mehr möglich, sondern es entsteht ein abgespaltener Komplex*, der sich beispielsweise in neurotischen Symptomen bemerkbar machen kann.

Es ist ein psychologisches Gesetz: Was an inneren Strebungen als unannehmbar abgewehrt wird, behält seine Form und bleibt wirksam, gerade weil das Bewußtsein sich weigert, es wahrzunehmen. Wenn das bewußte Ich sich jedoch entschließt, auch das zu akzeptieren, was ihm widerwärtig erscheint, geschieht das Wunder, daß es sich wandelt. Es verliert seine Autonomie* und kann vom Ich gesteuert werden; seine Energie wird frei verfügbar.

Im vorliegenden Fall ist die Abwehr der aggressiven Impulse besonders stark. Das ist daran erkennbar, daß sie sich verdoppelt personifizieren: in der Gestalt eines Werwolfs und eines Jägers. Daß dieser Jäger zugleich der Teufel ist, also die Quintessenz des Bösen in unserer Kultur, läßt das Problem schier unlösbar erscheinen.

Der in der Figur eines Jägers auftretende Teufel ist keine einmalige, individuelle Erscheinung, sondern kommt auch in Märchen und Sagen vor. C. G. Jung hat einen solchen Typus in seiner Abhandlung «Zur Phänomenologie des Geistes im Märchen» (Ges. Werke 9/I; Grundwerk 2) ausführlich gedeutet. Danach repräsentiert eine solche Gestalt den männlichen Aspekt des Unbewußten und ist damit der archetypische Hintergrund des Schattens*.

Der Patient versteht das natürlich nicht. Die Verknüpfung der Bilder mit seiner naiven religiösen Vorstellung von Gott und Teufel veranlaßt ihn, dem Werwolf gegenüber so zu reagieren, wie er es im Religionsunterricht gelernt hat. Er fordert ihn auf, sich vom Teufel ab- und Gott zuzuwenden. Und gerade das ist psychologisch falsch. Die Aufgabe, die ihm gestellt ist, besteht darin, das Böse in der eigenen Psyche kennenzulernen und zu akzeptieren.

Die Vermischung des Tiersymbols mit dem Menschlichen im Bild des Werwolfs schafft ein zusätzliches Problem: Mensch und Tier sind Gegensätze, und solange sie miteinander vermischt sind, ist eine Auseinandersetzung nicht möglich. Das Auftreten von Mischfiguren signalisiert stets eine erhebliche Unbewußtheit, und der Bewußtwerdungsprozeß pflegt in der Imagination durch eine Trennung der Teile in selbständige Figuren eingeleitet zu werden. Die Teilung einer Mischfigur kann jedoch nicht willkürlich vollzogen werden. Sie geschieht von selbst – oder auch nicht – je nach Einstellung bzw. Entwicklungsstand des beteiligten Ich.

Hier wählt die unbewußte Phantasie des Patienten einen Umweg. Sie beseitigt den Werwolf, um das Ich bald darauf mit einem anderen Wolf zu konfrontieren. Die menschliche Seite dürfte in der Gestalt des Jägers enthalten sein, dessen nähere Bekanntschaft er später machen wird.

Imaginationen

Das neu erbaute Haus ist bewohnbar, und der Junge könnte dort bleiben. Aber die Gegend ist ihm unheimlich geworden; deshalb beschließt er weiterzuwandern. Er überredet den jungen Mann, ihn zu begleiten. Als er seinen Hund holen will, knurrt dieser ihn an. Er versucht ihn friedlich zu stimmen, indem er ihm ein Stück

Fleisch hinhält. Doch der Hund sagt, von ihm nehme er nichts mehr, er könne selber jagen. Nun bemerkt der Junge, daß sich auch das Aussehen des Hundes verändert hat. Er gleicht einem Wolf, und schließlich läuft er in den Wald und bleibt verschwunden.

Die beiden Menschen machen sich auf den Weg ins Tal. Bald erreichen sie den Fluß, besteigen ein Kanu und lassen sich von der Strömung abwärts tragen. Nach einer längeren ruhigen Fahrt geraten sie in Stromschnellen, und ihr Boot zerschellt an einem Felsen. Doch es gelingt beiden, den überhängenden Ast eines Baumes zu ergreifen und sich ans Ufer zu retten. Zu Fuß gehen sie weiter, bis sie zu einer weiten Ebene kommen. Dort finden sie ein einsames Haus, das offensichtlich schon lange leer steht, und richten sich darin ein.

Als der Junge eines Tages ins Haus tritt, springt ihn ein Wolf an, der sich dort versteckt hatte. Er wehrt ihn ab und erkennt dabei seinen früheren Hund. Nun baut er einen hohen Zaun, um den Wolf am Eindringen in das Haus zu hindern. Doch das nützt gar nichts. Immer wieder taucht er plötzlich aus irgendeinem dunklen Winkel auf. Schließlich fragt er ihn, was er von ihm wolle. Der Wolf antwortet, er werde ihn so lange verfolgen, bis er ihn akzeptiere, und zwar so, wie er jetzt sei. – Das ist nicht leicht, denn insgeheim schmiedet der Junge Pläne, wie er den Wolf töten könne. Doch schließlich schüttelt er diesen Wunsch ab und fragt den Wolf beim nächsten Zusammentreffen, was er tun müsse, damit er sich akzeptiert fühle. Der Wolf sagt: «Du mußt in der Nacht allein mit mir in den Wald gehen.»

Es dauert einige Zeit, bis der Junge zu dieser Mutprobe bereit ist. Doch eines Abends brechen sie gemeinsam auf und gehen in den Wald. Er geht voraus, der Wolf bleibt dicht hinter ihm. Der Junge fühlt sich recht unbehaglich. Nach einer Weile hält er es nicht mehr aus und schlägt vor, nun solle der Wolf vorangehen. Der geht darauf ein, aber er schaut sich ständig um. Wieder nach einer Weile gehen sie nebeneinander, und nun beginnt das Mißtrauen zu schwinden. Als sie wieder beim Haus ankommen, sagt der

Wolf: «Du hast die Probe bestanden». Nun fordert der Junge ihn auf, wieder bei ihm zu bleiben, und der Wolf ist damit zufrieden. Zugleich ändert sich sein Aussehen, und er wird wieder zum Hund.
Bald darauf tritt der Fluß über die Ufer, die Ebene wird überschwemmt, und das Wasser steigt so hoch, daß die Hausbewohner sich auf den Dachboden zurückziehen müssen. Sie reißen einige Dachbalken heraus, fügen sie zu einem Floß zusammen und überlassen sich der Strömung. Es dauert nicht lange, bis sie zu einer engen Schlucht kommen, und danach mündet der Fluß ins Meer. Sie landen an einem Sandstrand, der zirka 20 Meter breit ist. Dahinter beginnt ein Wald.

Kommentar

Das Ich ist von nun an nicht mehr allein, sondern bekommt einen Kameraden. Der junge Mann, einige Jahre älter als der Patient, könnte eine künftige Entwicklungsstufe darstellen, die noch nicht erreicht ist. Man kann ihn daher auch als positiven* Schatten bezeichnen. Diese Figur bleibt in der Folge sein ständiger Begleiter und stützt das Ich, ohne durch besondere Eigenschaften aufzufallen. Sie drückt den Energiezuwachs aus, der im ersten Abschnitt der Geschichte stattgefunden hat.
Der Unfall bei der Bootsfahrt ist wieder ein typisches Ereignis, das die Gefährlichkeit des Unternehmens darstellt. Dann folgt die überraschende Begegnung mit dem Wolf, der nun die Stelle des Werwolfs einnimmt. Er repräsentiert die als bedrohlich empfundene Aggressivität. Indem das Ich einen Zaun baut, stellt es bildhaft dar, welche Anstrengungen es unternimmt, um den Inhalt abzuwehren, den das Tier ausdrückt. Die heimlichen Mordpläne gehen noch weiter. Sie bedeuten einen Versuch, die Triebseite total abzuspalten oder, genauer gesagt, die noch bestehende Verdrängung* auf-

rechtzuerhalten. Denn der Wolf stellt einen abgespaltenen Komplex dar, der sich dem Bewußtsein anzunähern versucht. Sehr schön ist, daß er selbst ausspricht, worauf es ankommt, indem er sagt, er werde das Ich solange verfolgen, bis es ihn annehme. Es ist natürlich wirksamer, wenn eine solche Bemerkung aus dem Unbewußten des Imaginierenden kommt, als wenn sie vom Therapeuten stammt.
Die nächtliche Wanderung mit dem Wolf durch den dunklen Wald wurde zu einer erheblichen Belastung für den Patienten. Die Ankündigung erfolgte am Ende einer Therapiestunde. Die folgende Stunde, eine Woche später, versäumte er. Er brauchte eine weitere Woche, bis er bereit war, das Wagnis auf sich zu nehmen. Daran läßt sich ablesen, wie schwer es ihm wurde, und zugleich, wie intensiv er die Imaginationen erlebt hat.
Interessant ist noch, wie die Angst sich gleichmäßig auf das Ich und den Wolf verteilt. Es kommt häufig vor, daß die Tierseite, die dem Ich in der Imagination gegenübersteht, die Gefühle, die der Mensch empfindet, gewissermaßen spiegelt.
Das Bestehen der Mutprobe hat die Rückverwandlung des Wolfs in den Hund zur Folge. Das bedeutet keine Änderung in der Sache, sondern nur in der Einstellung des Ich. Hund und Wolf repräsentieren die männliche Triebhaftigkeit. Je nachdem, ob das Ich sie akzeptiert oder abwehrt, erscheint die eine oder die andere Gestalt. Mit der Verwandlung verbunden ist eine weitere Stärkung des Ich. Man darf wohl annehmen, daß zumindest ein Teil der Energie, die ursprünglich im Werwolf verkörpert war, zunächst auf den Wolf überging und nun ins Ich integriert werden konnte. Es ist bereit für das nächste Abenteuer, für die direkte Begegnung mit dem Teufel. – Die Überschwemmung ist ein Vorzeichen, das diese Begegnung ankündigt. Das steigende Wasser ist ein Bild für die ansteigende Spannung im Unbewußten.

Es ist schon gegen Abend, als die jungen Leute bei der Flußmündung an Land gehen. Am Waldrand bauen sie sich eine Hütte aus Zweigen. Während sie damit beschäftigt sind, hören sie aus dem Wald ein lautes Brüllen. In der Nacht haben sie den Eindruck, daß ein fremdes Lebewesen um ihren Unterschlupf herumschleicht, ohne jedoch dicht heranzukommen. Am Morgen finden sie die Spur eines großen Affen. Sie folgen ihr und kommen zu einer Höhle. Der Eingang ist verhältnismäßig schmal, doch bald kommen sie in eine weite Halle. In deren Mitte steht ein Thron, und darauf sitzt der Jäger, der den Werwolf erschossen hat.
Der Junge begrüßt ihn und fragt, wer er sei. Der Mann antwortet lächelnd, das gehe ihn nichts an. Im Hintergrund steht ein großer Käfig, in dem sich ein riesiger Gorilla befindet. Auf die Frage, wer das sei, sagt der Jäger, das sei sein Partner. Manchmal sei er nicht zurechnungsfähig, und dann müsse er eingesperrt werden. Heute nacht sei er plötzlich davongelaufen, aber am Morgen wieder zurückgekommen.
Dann tischt der Jäger einen Braten auf und lädt seine Besucher zum Essen ein. Doch das Fleisch ist so heiß, daß es für die beiden ungenießbar ist. Der Gastgeber ißt mit Appetit und fordert die Gäste immer wieder zum Zugreifen auf. Dabei lächelt er hintergründig.
In der nächsten Nacht wird der Junge von einem Geräusch geweckt. Der Gorilla ist in ihre Hütte eingedrungen, hat den jungen Mann ergriffen, schleppt ihn hinaus, würgt ihn und wirft ihn ins Meer. Der Junge ist in panischer Angst davongelaufen und hat den Hund mitgezogen. Doch nachdem der Affe verschwunden ist, kehrt er um, schwimmt ins Meer hinaus, findet den regungslosen Körper seines Kameraden und bringt ihn an Land. Dort zeigt sich bald, daß der Freund nur bewußtlos ist. Er kommt wieder zu sich, schläft dann jedoch nochmals ein.
Inzwischen ist der Tag angebrochen. Der Junge läßt den Hund bei dem schlafenden jungen Mann und geht allein zur Höhle. Vor

dem Eingang steht der Jäger und hinter ihm der Gorilla. Der Junge ist erregt und macht dem Jäger Vorwürfe, weil er den Affen losgelassen habe. Doch der andere lächelt nur und sagt, er solle sich beruhigen, es sei ja gar nichts passiert. Auf die Frage, woher er das wisse, sagt er nur, er wisse es eben. Dann folgt eine Einladung zum Frühstück, und diesmal ist das Fleisch nicht zu heiß.

Als der Junge sich verabschiedet hat und die Höhle verlassen will, fällt am Eingang plötzlich ein Tor zu. Gleichzeitig hört er im Hintergrund den Affen brüllen. Er ergreift einen Spaten, der an der Wand lehnt, gräbt schnell ein Loch unter dem Tor und schlüpft hindurch, gerade rechtzeitig, um dem Gorilla zu entkommen, der schon nach ihm greift.

Nun hat er nur noch den Wunsch, möglichst schnell von diesem Ort wegzukommen. Der junge Mann ist wieder auf den Beinen, der Hund ist bei ihm, und die drei brechen sofort auf. Zuerst geht es am Strand entlang, bis der Wald zu Ende ist. Dann sehen sie eine weite grüne Ebene vor sich. In ihrer Mitte liegt auf einem Hügel ein Schloß. Gegen Abend kommen sie dort an, werden freundlich aufgenommen, bekommen zu essen und ein Nachtlager. Am Morgen bringt ein junges Mädchen ihnen das Frühstück, später reitet sie mit ihnen aus, und sie verbringen einen angenehmen Tag. Doch gegen Abend kommt ein Kundschafter und meldet, ein feindliches Heer sei im Anmarsch. Der König, dem das Schloß gehört, läßt sofort alles zur Verteidigung vorbereiten und gibt auch den beiden Gästen Waffen und eine Rüstung.

Früh am andern Morgen geht der Junge zum König und sagt, er wolle den Anführer des fremden Heeres aufsuchen und ihn fragen, was er eigentlich im Sinn habe. Vielleicht lasse sich der Kampf auf diese Weise vermeiden. Der König ist einverstanden und gibt ihm einige Ritter als Begleiter mit.

Im Lager der fremden Soldaten werden sie auf ihr Verlangen zum Heerführer gebracht. Von ihm erfahren sie, daß der Feldzug auf Befehl des Jägers begonnen wurde, und während sie noch miteinander reden, kommt dieser selbst dazu. Nun fragt der Junge ihn direkt und erhält die Auskunft, das alles geschehe seinetwegen, da-

mit er nicht zur Ruhe komme. Der Junge meint, wenn das so sei, könne der Kampf unterbleiben; er werde noch am gleichen Tag weiterziehen. Der König wird informiert, es folgt eine Verbrüderung der beiden Heere und ein gemeinsames Festessen. Dann ziehen die Fremden ab, und die jungen Leute mit ihrem Hund schließen sich ihnen an. Der König schenkt ihnen die Pferde und Waffen, die er ihnen für den Kampf gegeben hatte. Doch schon bald trennen sie sich von den Soldaten und ziehen allein weiter. Am Abend erreichen sie eine kleine Stadt mit einem Gasthof, in dem sie übernachten wollen.

Als sie die Gaststube betreten, sieht der Junge zu seiner Überraschung, daß der Wirt hinter der Bar der Gorilla ist, und an einem Tisch sitzt der Jäger. Er geht zu ihm und fragt, warum er ihn verfolge. Die Antwort lautet: «Weil ich dich nicht mag», aber sie ist von einem freundlichen Lächeln begleitet. Der Junge wird wütend und sagt: «Entweder du läßt mich ziehen, oder ich bringe dich um.» Der andere lächelt noch immer und sagt: «Du kannst es ja versuchen, aber ich glaube kaum, daß es dir gelingen wird.» Da zieht er sein Schwert und durchbohrt den Jäger. Die Waffe geht ohne Widerstand durch den Körper wie durch Luft, und der Mann bleibt ruhig sitzen und lächelt freundlich. Er stößt noch zweimal zu, doch mit dem gleichen Ergebnis. Nun ergreift ihn panische Angst, und er rennt ins Freie. Erst nach längerer Zeit bleibt er stehen und wartet auf seine Begleiter, die ihm gefolgt sind. Sonst ist niemand zu sehen. In einem Gebüsch richten sie sich ein Nachtlager her. Nun fragt der Junge seinen Kameraden, was er von der Sache halte. Der junge Mann sagt: «Entweder du suchst die Freundschaft des Jägers, oder er wird dich immer weiter verfolgen.»

Kommentar

Der Ort, zu dem der Fluß die Reisenden trägt, liegt zwischen Meer und Wald. Beides sind Symbole für das Unbewußte – in diesem Falle wohl eher für eine tiefere Schicht –, und aus beiden Bereichen können Gefahren auftauchen. Daß es sich um eine unheimliche Gegend handelt, wird sogleich klar, als das Brüllen eines großen Tieres ertönt. Das Ich zeigt sich einerseits vorsichtig, indem es den nächsten Tag abwartet, und andererseits mutig, als es nach dem brüllenden Tier sucht. Bei der folgenden Begegnung mit dem Jäger und seinem Affen zeigt sich, daß das Tier kein gewöhnlicher Gorilla, sondern eher ein Dämon ist, und daß der Jäger über magische Fähigkeiten verfügt. Seine Bemerkung, der Affe sei manchmal nicht zurechnungsfähig, darf wohl als ironisierende Untertreibung aufgefaßt werden. Das riesige Tier repräsentiert durch seine Körperkraft wohl die Macht des Jägers. Auch der Thron in der Höhle ist ein Symbol der Macht. Das zu heiße Essen deutet die Herkunft des Gastgebers aus der Hölle an.

Bezeichnend scheint mir die zweite Mahlzeit zu sein, die normal verläuft, unmittelbar nachdem das Ich seinen vom Gorilla ins Meer geschleuderten Partner gerettet hatte. Daran läßt sich ablesen, daß seine Aktivität und die mutige Haltung, mit der es dem Jäger entgegentritt, diesen entmachtet. Anders ausgedrückt: Die Temperatur der Mahlzeit wird nicht durch den Jäger bestimmt, sondern durch das Ich. Wenn es Angst hat, ist das Essen zu heiß; wenn die Angst schwindet, kühlt es sich ab. – Das Spiel mit dem Essen wirft auch ein Licht auf die symbolische Bedeutung der Anorexie (Magersucht) des Patienten. Es war die Angst vor der eigenen unbewußten Aggressivität, die ihm die Speisen ungenießbar machte.

Bei der folgenden Probe versagt das Ich dann allerdings kläglich. Als das Tor zufällt und der Affe es selbst bedroht, ergreift es die Flucht. Wenn es standgehalten hätte, wäre ihm die nächste Szene vermutlich erspart geblieben.

Das Ausweichen des Ich, sein Versuch, eine weitere Konfrontation mit dem Jäger und seinem Helfer zu vermeiden, hat zur Folge, daß ein Konflikt auf der kollektiven Seite der Psyche* entsteht: Das Ich versucht zu entfliehen und läuft direkt

in eine neue, anscheinend noch größere Gefahr hinein, die von zwei feindlichen Heeren dargestellt wird.
So erscheint der Vorgang aus der Perspektive des Ich. Für den außenstehenden Beobachter ist jedoch eine ganz andere Betrachtungsweise möglich: Das Ich ist zu schwach, um dem Jäger und seinem unheimlichen Partner standzuhalten. Deshalb mobilisiert das Unbewußte ein Energiepotential aus dem kollektiven* Bereich der Psyche. Da Kräfte ihrer Natur nach polarisiert sind (s. das Kap.: Mißverständnisse um das Böse), erscheinen sie dem Bewußtsein als Gegensätze, in diesem Falle als feindliche Heere. Doch die Feindschaft ist eine Täuschung, denn sie besteht nur, solange das Ich sich mit der einen Seite gegen die andere verbündet. Sobald es zwischen die Parteien tritt, was durch den Besuch beim feindlichen Heerführer geschieht, löst sich das Problem. Wenn der Jäger dem Jungen sagt, alles geschehe nur seinetwegen, so heißt das ganz klar, daß nur die Einstellung des Ich den Konflikt verursacht hat.
Ganz allgemein läßt sich feststellen, daß jedes Ich dazu neigt, einen Konflikt in der Imagination als gegeben hinzunehmen und Partei zu ergreifen. Das entspricht seiner gewohnten, einseitigen Haltung. Wenn es statt dessen versucht, offen zu sein und nach der Ursache eines Streites zu forschen, dann hat es seine Einstellung bereits geändert, und damit pflegt sich die ganze Situation zu wandeln. – Das Fest ist eine rituelle Gegensatzvereinigung. Es zeigt an, daß die Spannung sich löst.
Sehr aufschlußreich ist die nächste Begegnung mit dem Jäger, bei der das Ich erfolglos versucht, ihn umzubringen. Wenn es ihm gelungen wäre, so hätte das die Verdrängung des ganzen mit der Figur verbundenen Problems bedeutet, das heißt, die Wiederherstellung des früheren Zustandes. Das war aber nicht mehr möglich, da der Patient sich schon zu lange und zu intensiv damit beschäftigt hatte. Darüber hinaus scheint mir der Verlauf dieser Szene ein Hinweis darauf zu sein, daß

der «Märchenheld» in unserer Zeit nicht mehr die Aufgabe hat, die ihm begegnenden scheinbar feindlichen Mächte zu töten, sondern eine Beziehung zu ihnen herzustellen und sie anzunehmen. Wie vorher der Wolf, ist es jetzt der junge Mann, also die positive Schattenfigur, die das ausspricht. Er sagt dem Ich, daß es die Freundschaft des Jägers suchen müsse.

Da es sich hierbei um eine grundsätzliche Frage handelt, die in praktisch jeder Imaginations-Serie eine Rolle spielt, möchte ich einige allgemeine Überlegungen dazu anfügen:

Die klassischen Märchen sind Produkte der kollektiven Psyche. Sie sind über Jahrhunderte mündlich weitergegeben und dabei von vielen Erzählern immer wieder neu bearbeitet worden. Deshalb spiegelt ihr psychologischer Gehalt den Entwicklungsstand bzw. die Entwicklungsprobleme eines menschlichen Kollektivs. Für den Erzähler und die Zuhörer waren die Märchenfiguren in der Zeit ihrer Blüte eine objektive Realität. Daß zwischen dem Ich des Erzählers und den Gestalten der Erzählung eine innere Beziehung bestand, war ihm vollständig *unbewußt.* Deshalb änderte die Tötung einer Figur im Märchen nichts an der innerpsychischen Situation. Ob lebend oder tot, der durch die Märchengestalt personifizierte Seelenanteil* war und blieb unbewußt.

Bei einem Märchen, das in der therapeutischen Situation entsteht, gelten andere Voraussetzungen als im klassischen Märchen. Dem Imaginierenden wird durch den Therapeuten *bewußt gemacht,* daß die Figuren, die er sieht und deren Handlungen er miterlebt, Teile der eigenen Seele darstellen. Auch wenn es sich um Gestalten aus dem Arsenal des «kollektiven* Unbewußten» handelt, so werden sie individualisiert, sobald das Ich ihnen unter dieser Voraussetzung begegnet. Das ermöglicht die Herstellung einer persönlichen Beziehung zu jeder auftretenden Figur, und es ändert die Bedeutung von Leben und Tod in der Imagination. Der psychische Gehalt, den die *lebende* Figur ausdrückt, ist für das Ich bewußtseinsfähig.

Der Inhalt der getöteten Figur dagegen bleibt unbewußt. Wenn das Ich ein Ungeheuer tötet, so beraubt es sich der Möglichkeit zu erfahren, was dieses Wesen für die eigene Psyche bedeutet. Wenn es ihm dagegen gelingt, eine Beziehung herzustellen, so kann das Ungeheuer sich weiterentwickeln, beispielsweise, indem es sich wandelt, bis sein Inhalt assimiliert werden kann.

Imaginationen

Als sie am Morgen erwachen, sehen sie als erstes den Jäger, der in einiger Entfernung auf einem Stein sitzt. Der Junge steht auf, geht zu ihm und sagt: «Wenn Du uns schon dauernd nachläufst, kannst Du ebensogut mit uns kommen.» Der Jäger setzt sich zu ihnen ans Lagerfeuer und frühstückt mit ihnen. Und nun ist das Essen wieder so heiß, daß nur er es zu sich nehmen kann.
Sie besteigen ihre Pferde – der Jäger reitet ein weißes Roß – und ziehen weiter, bis sie zu einem großen See kommen. Es ist ein Stausee, der durch eine hohe Mauer abgeschlossen wird. Der Jäger schlägt vor, neben der Mauer hinunterzuklettern, und sie folgen ihm. Je tiefer sie kommen, um so dunkler wird es. Am Ende finden sie eine Treppe, und an deren Fuß öffnet sich eine Höhle. Auf beiden Seiten brennen Feuer, am Boden liegen Gerippe von Menschen und Tieren, und in der Mitte steht ein leerer Thronsessel. Plötzlich sitzt der Jäger auf dem Thron. Er sagt: «Nun wird es euch ergehen wie diesen da.» Dabei deutet er auf die Gerippe. Dann steht er auf, ergreift einen Dreizack und kommt langsam auf sie zu. Sie wenden sich zur Flucht und klettern den Steilhang hinauf. Auf halber Strecke bemerkt der Junge einen Hebel an der Staumauer und zieht daran. Ein starker Wasserstrahl schießt heraus, genau zwischen ihnen und dem Jäger. Sie erreichen die Höhe und rennen in einen Wald. Dort bleibt der Junge stehen und dreht sich um. Er sieht den Jäger, der seinen Dreizack gehoben hat und ihn nun in seine Richtung schleudert. Er springt schnell zur Seite,

und die Waffe bohrt sich in die Erde. Er zieht sie heraus – und nun ergreift der Jäger die Flucht.

In der Folge stellt sich heraus, daß der Dreizack bei jedem Wurf sein Ziel trifft, und er benutzt ihn als Jagdwaffe. Später sitzen sie am Feuer und essen. Der Jäger ist ihnen gefolgt, hält sich aber stets in einiger Entfernung, außer Wurfweite. Der Junge ruft ihm zu, er solle sich zu ihnen setzen und mitessen, doch der andere ist erst dazu bereit, nachdem er versprochen hat, ihn nicht anzugreifen.

Dann setzen sie ihre Wanderung fort. Der Junge hütet den Dreizack, da ihm klar geworden ist, daß er zumindest einen Teil der Macht des Jägers enthält. Schließlich erreichen sie eine hohe Mauer, hinter der sich ein paradiesisch schönes, fruchtbares Land befindet. Bäume mit reifen Früchten aller Art wachsen dort. Sie überklettern die Mauer, essen von den Früchten und gehen weiter, bis sie zu einem kleinen See kommen. Am Ufer steht eine Blockhütte, und davor sitzt ein Mann auf einer Bank. Der Jäger sagt, sie sollten nicht dorthin gehen. Als sie es trotzdem tun, bleibt er zurück.

Der Mann empfängt sie freundlich, lädt sie ins Haus ein und setzt ihnen die Früchte seines Gartens vor. Der Junge kann sein Gesicht nicht erkennen, weil es so von Helligkeit überstrahlt wird, daß die Züge verschwimmen. – Als sie später wieder vor die Tür treten, sehen sie, wie der Jäger einen Felsblock an der Uferböschung löst und in den See rollen läßt. Doch kaum hat er das Wasser berührt, da rollt der riesige Stein von selbst wieder zurück und bleibt an der alten Stelle liegen.

Der Mann bei der Hütte lacht leise. Dann verabschiedet er seine Gäste, indem er ihnen eine gute Reise wünscht. Sie wandern weiter durch den Garten – der Jäger hat sich ihnen wieder angeschlossen –, bis sie zu einem großen Tor kommen. Das läßt sich öffnen, sie gehen hinaus, durchqueren einen Wald und kommen wieder zum Meer. Mit Hilfe des Dreizacks fällen sie Bäume, bauen ein Floß und stechen in See. Nach einer längeren Reise ohne besondere Vorkommnisse landen sie an einer fremden Küste, übersteigen ein Gebirge und gelangen dann in das Tal, von dem aus der Junge seine Reise begonnen hatte. Doch anstelle des einsamen Bauern-

hauses steht dort nun ein Dorf. Der Jäger hat sich während der ganzen Fahrt ebenso kameradschaftlich benommen wie der junge Mann, der den Jungen von Anfang an begleitet hat.

Kommentar

Die weitere Reise beginnt mit einem überraschenden Detail. Der Jäger, der sich wenig später klar als der Teufel zu erkennen gibt, reitet ein weißes Pferd. Weiß ist die Farbe des Magischen, und diese Bedeutung dürfte hier im Vordergrund stehen. Aber der Schimmel scheint mir auch darauf hinzuweisen, daß dieser Teufel nicht nur negativ zu bewerten ist.
Dann folgt der Abstieg in die Hölle, und dort kommt es wieder zu einer massiven Bedrohung, ähnlich wie vorher in der Höhle. Während es damals der Gorilla war, der das Leben des Ich bedrohte, ist es jetzt der Dreizack des Teufels. Später zeigt sich, daß dies eine magische Waffe ist, die unfehlbar jedes Ziel trifft. Da der Affe nicht mehr erscheint, darf man wohl annehmen, daß die Kraft, die er verkörperte, nun im Dreizack enthalten ist. Bemerkenswert scheint mir dabei, daß dieses Attribut in der Mythologie zum Meergott Poseidon gehört. Wenn es hier ganz unerwartet auftaucht, so könnte das ein Hinweis darauf sein, daß die landläufige christliche Identifikation des Teufels mit dem nur Bösen eine Einengung darstellt. Es handelt sich vielmehr um eine Macht, die zur Unterwelt gehört, aber nicht an sich böse ist.
Zu beachten ist noch das Motiv von Feuer und Wasser. Es ist ein Gegensatzpaar, das ins Blickfeld des Ich kommt. Aber die eine Seite wird durch die andere bekämpft. Das bedeutet: Noch sind die Gegensätze nicht im Gleichgewicht.
Nachdem das Ich auf seiner Flucht die Oberwelt wieder erreicht hat, schwindet die panische Angst, die es ergriffen hatte, und es stellt sich dem Gegner erneut. Und nun geschieht etwas Merkwürdiges. Der Jäger schleudert den Dreizack –

und der verfehlt das Ziel. Mehr noch: Das Ich hebt ihn auf und verfügt damit seinerseits über die magische Macht, und der Jäger ist ihm ausgeliefert. Diese eigentlich ganz unwahrscheinliche Wendung enthält etwas sehr Typisches.

Die unbewußten Mächte, die soviel stärker sind als das Ich und es scheinbar bekämpfen, kommen ihm im entscheidenden Augenblick zu Hilfe. Wenn das nicht so wäre, hätte das kleine Ich überhaupt keine Chance, sich dem Unbewußten gegenüber zu behaupten. Die Ursache für diese paradoxe Handlungsweise scheint mir in folgendem zu liegen: Wenn das Bewußtsein glaubt, bei der Auseinandersetzung mit dem Unbewußten gehe es um Macht, um Über- oder Unterordnung, so irrt es sich, weil es ganz einfach eine schiefe Perspektive hat. In Wahrheit geht es darum, dem Ich *die richtige Einstellung zu den Gegensätzen* beizubringen. Das Bewußtsein neigt dazu, sich mit einer Seite eines Gegensatzpaares zu identifizieren und die andere als «feindlich» zu betrachten. Es sollte aber die neutrale Mitte darstellen, auf die sich beide Seiten beziehen können.

Nach der Hölle gelangt die kleine Gruppe fast unmittelbar ins Paradies. Der Mann mit dem strahlenden Gesicht ist zweifellos eine Gottesfigur. Entscheidend für die Bedeutung dieses Besuchs scheint mir die kleine Szene mit dem Felsblock zu sein. Der «Teufel» rollt ihn in den See, «Gott» läßt ihn zurückrollen.

Rational ausgedrückt heißt das: Der Teufel versucht einen Konflikt auszulösen, doch sein göttlicher Gegenspieler spielt nicht mit. Für das Ich ist das überraschend. Bisher hat es geglaubt, zwischen dem guten (göttlichen) und dem bösen (teuflischen) Prinzip bestehe ein unlösbarer Konflikt und ein ewiger Kampf. Der Mensch müsse sich auf die Seite des Guten stellen und ihm helfen, das Böse zu vernichten. Nun erlebt es jedoch etwas ganz anderes. Der «Teufel» setzt eine Bewegung in Gang, und «Gott» antwortet auf genau die gleiche Weise, aber in entgegengesetzter Richtung. – Psychologisch bedeutet das Bild: Das gute und das böse Prinzip befinden sich in einem *dynamischen Gleichgewicht.* Jeder Impuls, den die eine Seite auslöst, ruft eine gleich starke Gegenkraft auf der anderen Seite hervor, *ohne daß ein Konflikt entsteht.* Das ist die Lektion, die das Ich zu lernen hat.

Damit verändert der Teufel seine Qualität. Das ursprüngliche Problem bestand ja darin, daß er eine riesige, magische Macht verkörperte, der sich das Ich hilflos ausgeliefert fühlte. Nun zeigt sich, daß seine magische Kraft durch eine ebensolche und gleich große Gegenkraft kompensiert wird. Das Ich ist nicht mehr der Gegenspieler einer ungeheuren Macht, sondern es steht in einer neutralen Zone und kann mit beiden Seiten kooperieren.

Der Rest der Geschichte zeigt die Folge dieser Demonstration. Der Teufel hat seine magische Qualität verloren und wird zur Schattenfigur, die das Ich begleitet. Das Schlußbild führt zum Anfang der Imaginationsserie zurück, wobei die Veränderung die inzwischen eingetretene Erweiterung des Gesichtskreises anzeigt. Die soziale Beziehung ist nicht mehr auf ein Elternpaar eingeschränkt, sondern umfaßt den größeren Rahmen eines Dorfes. Das veränderte Bild zeigt den Strukturwandel an, der durch die Imaginationen bewirkt worden ist.

Rückblick

Das ursprüngliche Problem bestand darin, daß der Patient seine eigene Männlichkeit nicht akzeptieren konnte. Er spürte, wie aggressive Impulse aus der Instinktsphäre aufstiegen und bewußt werden wollten. Doch in seiner Vorstellung war jede Form von Aggressivität buchstäblich «des Teufels» und deshalb gleichbedeutend mit dem absolut Bösen. Dadurch wurde die biologische Grundlage, die für jeden Menschen die Basis seiner Existenz ist, für ihn unannehmbar. Konsequenterweise weigerte er sich daraufhin, seinen Körper zu ernähren. Das war so folgerichtig, als ob es sich um eine bewußte Überlegung gehandelt hätte. In Wirklichkeit war es das natürlich nicht. Sein Bewußtsein hatte nicht die leiseste Ahnung von den Vorgängen im Hintergrund. Er glaubte zu hungern, um überflüssiges Fett loszuwerden, das jedoch in Wirklichkeit gar nicht vorhanden war.

Im Verlauf der Imaginations-Serie fand dann eine Auseinandersetzung mit der inneren Figur des Jäger-Teufels statt, und zwar im affektiven* Bereich, nicht auf der intellektuellen Ebene.

Zuerst erschien der Hund, der ihn dahin lockte, wo der «Teufel» ihn erwartete. Dann wurde der Hund zum Wolf und lehrte ihn, mit dem aggressiven Instinkt zu leben. Der Werwolf war keine selbständige Gestalt, sondern nur ein Attribut des Jägers, ebenso wie später der große Gorilla. Beide Figuren symbolisieren die aggressive Seite des Teufels, während er selbst umfassender ist. Er führt das Ich ins Paradies zu seinem Gegenspieler, was auf seine geistige Qualität hindeutet. Er hat Einblick in die innere Struktur der Psyche, führt das Ich an den Ort, wo ein Fehler erkennbar wird, und gibt ihm so die Möglichkeit, korrigierend einzugreifen.

Die eigentliche Auseinandersetzung spielte zwischen dem Ich und dem Jäger, und der Patient begriff das auch sehr schnell. Dabei schwankte seine Stimmung ständig zwischen Mut und Angst hin und her: Nachdem er seinen Kameraden aus dem Meer gerettet hatte, ging er spornstreichs zur Höhle und trat dem Jäger mutig entgegen. Doch als der den Gorilla losließ, packte ihn die Panik, und er rannte davon. Bei der Vorbereitung des Kampfes zwischen den beiden Heeren zeigte er Mut, und bei der Begegnung mit dem Jäger im Gasthaus wurde er sogar selbst aggressiv. Doch als der Gegner ihm seine Unverletzlichkeit vorführte, wurde er wieder von Angst überschwemmt. Beide Male verließ ihn im entscheidenden Moment der Wille, standzuhalten. Allerdings wuchsen auch die Anforderungen von Mal zu Mal.

Die dritte Probe mußte er in der «Hölle» bestehen, als der «Teufel» ihn mit dem Dreizack bedrohte. Hier reagierte er nun umgekehrt. Zuerst ergriff er die Flucht, doch dann ermannte er sich und blieb stehen. Zum erstenmal hielt er wirklich stand mit der Folge, daß der unfehlbare Dreizack ihn nicht traf. Von da an wurde er selbst zum Jäger. Die Verfügungsgewalt über die magische Waffe, die ihm der frühere Besitzer nicht mehr streitig machte, bedeutet die Integration der kämpferischen Seite des männlichen Instinkts und den Beginn der Verwandlung des «Teufels». Indem er zum ständigen Begleiter wurde, bekam der Patient einen persönlichen Schatten und lernte zugleich, mit ihm umzugehen.

Er begann die Imaginations-Serie als ein verklemmtes, verschüchtertes Bübchen, und er beendete sie als ein frischer, unternehmungslustiger junger Mann.

Für den Therapeuten bleibt trotzdem ein Fragezeichen: Diese Imaginationen behandeln das Problem des Bösen isoliert unter dem Aspekt der männlichen Aggressivität. Das Weibliche taucht nach dem Familienbild des Anfangs nur noch einmal ganz flüchtig auf, um sofort wieder in der Versenkung zu verschwinden.

Bei den anderen Imaginations-Serien ist die Anima* stets in irgendeiner Form an der Auseinandersetzung beteiligt. Auch in der Paradies-Erzählung der Bibel sind die beiden Ur-Gegensätze miteinander verschränkt. Die Einseitigkeit dieser Geschichte könnte bedeuten, daß bei dem Patienten noch ein abgespaltener Komplex darauf wartet, ans Bewußtsein angeschlossen zu werden.

DAS BÖSE IN UNS AKZEPTIEREN

Mißverständnisse um das Böse

Die vier männlichen Jugendlichen, von denen hier die Rede ist, sind sehr verschieden und zeigen unterschiedliche Symptome. Doch sie leiden alle am gleichen Grundproblem: Sie können das Böse, das ihnen hauptsächlich im Gewand der instinktiven männlichen Aggressivität entgegentritt, nicht einordnen. Anders ausgedrückt: Sie können den Gegensatz zwischen dem Guten und dem Bösen in ihrem Bewußtsein nicht im Gleichgewicht halten, das heißt nicht gleich gewichten. Die Ursache liegt, wie mir scheint, in zwei bedeutsamen Mißverständnissen:

Das erste besteht in dem Glauben, etwas in der Psyche* Vorhandenes lasse sich beseitigen. Dieser Irrtum entsteht aus der naiven Gleichsetzung von innen und außen. In der Außenwelt kann man den Wolf erschießen, der einen stört. Dann ist man ihn los. In der Innenwelt kann das Ich* zwar scheinbar das gleiche tun, aber der innere Wolf ist keineswegs tot. Er zieht sich nur in eine tiefere Schicht zurück, wo er für das Ich unsichtbar und unerreichbar wird. Was daraus entsteht, ist ein abgespaltener Komplex*. Die Unterbrechung der Verbindung zum Ich führt dazu, daß dieser die Fähigkeit einbüßt, sich zu verändern.

Trotzdem bleibt der Komplex wirksam. Aber er wirkt hinter dem Rücken des bewußten Ich, von diesem unbemerkt, und durchkreuzt nicht selten seine Absichten. Er kann das Ich in einen Unfall verwickeln oder zu einer Aggression im falschen Moment und gegen die falsche Person veranlassen. – Das bedeutet: Wer das psychisch Böse abwehrt oder verdrängt*, bringt es damit keineswegs zum Verschwinden, sondern er beraubt sich nur der Möglichkeit, es zu handhaben.

Dazu kommt eine andere Eigenschaft des abgespaltenen

Komplexes. Sein Inhalt projiziert* sich in die Außenwelt, das heißt, das eigene Böse kommt dem Ich scheinbar von außen entgegen, indem es sich an andere Menschen heftet. Wenn jemand einen «bösen» Nachbarn hat, ist es durchaus nicht sicher, ob das nur am Nachbarn liegt. Wenn zwei Menschen nicht miteinander auskommen, ist die Ursache oft genug, daß jeder beim andern das bekämpft, was in ihm selber ist, wo er es aber nicht sehen kann; um so deutlicher sieht er es beim andern.

Wenn das Ich es wagt, jeder Gestalt gegenüberzutreten, die aus dem eigenen Unbewußten* auftaucht, und sie zu akzeptieren, ohne zu werten, einfach weil sie vorhanden ist, dann ergeben sich ganz neue Möglichkeiten. In den meisten Imaginationen* zeigt sich, daß das vermeintlich Böse in Wirklichkeit das Unbekannte ist, und das ist identisch mit dem Unentwickelten. Bei näherer Bekanntschaft verschwindet zuerst die Gefährlichkeit, und schließlich wandelt sich das ursprünglich «Böse» und wird hilfreich. Wenn ein Tier sich gar in einen Menschen verwandelt, so bedeutet das den Beginn der Umwandlung von Natur in Kultur.

Die in der Außenwelt erkennbare Folge einer solchen Entwicklung ist häufig das Verschwinden von Hemmungen und die Verwandlung von Aggressionsenergie in Arbeitsenergie.

Natürlich ist das Böse keine einmalige Erscheinung, die auf eine Figur beschränkt bleibt und schließlich verschwindet. Dem Wolf folgt vielleicht in einer tieferen Schicht ein Krokodil oder eine Schlange. Das Unbewußte kann nicht ausgeschöpft werden, und seine Gestaltungen nehmen kein Ende. Da das Bewußtsein gar nicht anders wahrnehmen kann als in Gegensätzen (s. u.), hört auch die Begegnung mit dem Bösen nicht auf, solange die Imaginationen andauern.

Die richtige Einstellung gegenüber dem Unbewußten formulierte ein ca. 30jähriger Mann, nachdem er in der Tiefe des Meeres von einem riesigen Kraken bedroht worden war. Als ich ihn nach der Imagination fragte, wie er sich bei dieser

Begegnung gefühlt habe, sagte er: «Zuerst bin ich erschrokken, aber dann habe ich gedacht: auch wenn er mich frißt, wird es schon irgendwie weitergehen.» Dieser Satz drückt ein Urvertrauen aus, das jeder Mensch seinem Unbewußten gegenüber haben könnte...

Das zweite Missverständnis besteht in der Verwechslung oder Vermischung des *psychisch Bösen* mit dem *moralisch Bösen.* – Moralvorschriften sind notwendig, wo Menschen in größeren Gruppen zusammenleben. Gewisse Grundlagen sind zweifellos im Instinkt* verankert. Das ergibt sich aus der Beobachtung des Gemeinschaftslebens von Tieren, die es bei ihren Rangordnungskämpfen strikt vermeiden, den Gegner ernsthaft zu verletzen. Sie verhalten sich «ritterlich», also quasi-moralisch. Das deutet darauf hin, daß die Grundprinzipien, auf die sich jede Moral stützt, in der unbewußten Psyche verankert sind.

Auf diesem Hintergrund haben die Menschen ein Gebäude von Moralvorschriften errichtet, deren Sinn darin besteht, das soziale Zusammenleben zu regeln. Mit der Veränderung der sozialen Strukturen wandeln sich auch die moralischen Auffassungen im einzelnen, aber ein Gemeinschaftsleben ohne allgemein anerkannte moralische Grundsätze ist nicht möglich. Der Inhalt der Vorschriften betrifft Handlungen des einzelnen gegenüber anderen Mitgliedern der Gesellschaft, die erlaubt sind oder nicht. Demnach ist es im allgemeinen nicht schwer, herauszufinden, was moralisch zulässig ist und was nicht, und das Ich kann sich bewußt für die gute oder böse Handlungsweise entscheiden und muß die Verantwortung für sein Tun übernehmen.

Gewiß gibt es Konfliktsituationen, in denen jede Entscheidung moralisch zweifelhaft ist. Oder eine Handlung kann subjektiv berechtigt, also «gut» sein, obwohl sie den gesellschaftlichen Moralvorschriften widerspricht. Der Begriff «Moral» hat seine eigene innere Problematik, aber das ist ein Thema für sich (s. C.G. Jung, Das Gewissen in psychologischer Sicht, Ges. Werke 10). Es geht mir hier nur um die grundsätzliche Unterscheidung des moralisch und des psychisch Bösen. In diesem Sinne kann man wohl sagen: Das moralisch Böse meint stets eine bewußte Handlung in der Außenwelt.

Das psychisch Böse hingegen existiert nur in der Welt der inneren Vorstellungen. Es tritt in Gestalt von Gedanken, Phantasien und Bildern auf, besonders deutlich in den Bildern der Imaginationen. Zu solchen Phänomenen kommt es, wenn ein unbewußter Inhalt sich dem Bewußtsein annähert. Wie ein solcher Inhalt ursprünglich aussieht, läßt sich nicht sagen, denn solange er sich im Unbewußten befindet, ist er unerkennbar. Sobald er die Schwelle des Bewußtseins überschreitet, ist er den Bedingungen unserer Wahrnehmung unterworfen, und dazu gehört das Gegensatzprinzip. Um uns ein «oben» vorstellen zu können, brauchen wir ein «unten». Der Begriff «heiß» ist nur denkbar, wenn es auch «kalt» gibt. Das «Gute» gäbe es nicht ohne das «Böse». Es ist eine Eigenschaft unseres Denkens, daß zu jedem Begriff auch sein Gegenteil gehört. Anders ausgedrückt: Unser Bewußtsein kann nur das wahrnehmen, was sich von etwas anderem unterscheidet. Wenn es das Gute will, muß es die Existenz des Bösen in Kauf nehmen. Aus diesem Grund ist es unmöglich, das psychisch Böse zu beseitigen.

Die unbewußte Psyche ist ein energetisches System. Das können wir feststellen, da wir die psychische Energie als Gefühl oder Affekt* wahrnehmen. Energie kann nur wirken, wenn sie von einem Pol mit hoher Spannung zu einem anderen Pol mit niedriger Spannung geleitet wird. Die Komplexe, die normal zum Menschen gehören (s. erstes Kap.), sind mit Energie geladen, und ihre Spannungen sind unterschiedlich. Die Spannungsdifferenz bewirkt einen Energieaustausch, und das hält das Leben der Psyche in Gang.

In einer modernen Terminologie könnte man die von Jung entwickelten Vorstellungen etwa so formulieren: Die unbewußte Psyche besteht aus einer relativ großen Anzahl von Komplexen, die durch ein Netzwerk von Verbindungen miteinander verknüpft sind. Jeder Komplex ist in sich zusammengesetzt und verfügt über ein inneres Beziehungssystem. Alle Komplexe sind einerseits mit einem eigenen Zentrum, dem Selbst, verbunden, und andererseits mit dem bewußten Ich. Nur das Ich hat die Fähigkeit, vorhandene Verbindungen abzuschneiden und neue zu knüpfen. Diese Möglichkeit schafft Probleme, weil sie zur Absperrung bestimmter Komplexe führen kann. Aber sie eröffnet auch neue Wege.

Allem Anschein nach sind die abgespaltenen Komplexe die Pole mit der höchsten Spannung in der unbewußten Psyche. Da die Verbindung zum übrigen System mehr oder weniger und die zum Ich ganz gesperrt ist, staut sich die Energie in diesen Komplexen, was ein Ansteigen der Spannung bewirkt. Das spürt das Ich, und deshalb darf man wohl annehmen, daß die Pole mit der höchsten Spannung als gefährlich empfunden werden und sich deshalb in «bösen» Gestalten personifizieren.

In der psychischen Innenwelt sind Gut und Böse zwei Pole, die sich gegenseitig bedingen und die sich die Waage halten. Dafür sorgt das Unbewußte, wenn die Steuerung durch den Instinkt geschieht wie beim Tier, oder das Bewußtsein des Menschen, wenn es beide Seiten im Blickfeld hat. Gefühl und Bild sind die Übermittler der Bewegungen im Unbewußten an das Ich.

Wenn «böse» Phantasievorstellungen im Bewußtsein auftauchen, so ist das ein Zeichen, daß die Verbindung zwischen dem Ich und einem spannungsgeladenen Komplex funktioniert. Wenn das Bewußtsein die Phantasie annimmt, so kann das hilfreich sein und zur Lösung eines vielleicht vorhandenen Problems beitragen. Auf jeden Fall vermindert es die innere Spannung. Damit liegt eine ähnliche Funktion vor wie beim Traum.

Die christliche Religion kennt den Begriff der «Gedankensünde». Das hat zur Folge, daß viele Menschen solche Phantasien als sündhaft erleben. Damit fördert die Religion die Verwechslung des psychisch Bösen mit dem moralisch Bösen. Vermutlich stammt der Begriff der Gedankensünde aus einer Zeit, in der die psychologische Aufgabe in der Abtrennung des Ich vom Unbewußten bestand. Man kann sich die Entwicklung im historischen Ablauf etwa so vorstellen: Beim Urmenschen war ein Einfall aus dem Unbewußten identisch mit der Tat. Vor 2000 Jahren und bis ins Mittelalter hinein enthielt der Einfall einen Drang zum Handeln, dem das Ich nur schwer widerstehen konnte. Indem die Kirche die Konstruktion der Gedankensünde schuf, lud sie den Menschen eine Verantwortung auf, die sie im Grunde gar nicht tragen konnten. Aber sie bewirkte damit eine ungeheure Bemühung, das Unbewußte zurückzudrängen. Das trug dazu bei, das Ich zu stärken und selbständig zu machen.

Inzwischen ist dieses Ziel längst erreicht, und die Angst vor der Gedankensünde fördert unter heutigen psychologischen Bedingungen nur die Tendenz zur Abspaltung wichtiger Komplexe. – Selbstverständlich ist der Mensch verantwortlich für seine Handlungen und für das bewußte, gerichtete Denken, das diesen Handlungen vorausgeht. Aber die Phantasiewelt des Unbewußten hat kaum noch Bedeutung für die Realität, doch um so mehr für das innere Gleichgewicht.

Dieses Gleichgewicht ist labil, da Einwirkungen von außen und innen ein ständiges Ausgleichen erfordern. Auch die fortlaufende innere Entwicklung führt zu Gleichgewichtsstörungen, doch das gesunde Ich fühlt sich durch diesen dynamischen Prozeß gefordert und gestärkt. Das neurotische* Ich dagegen sucht nach einem stabilen Gleichgewicht, das nur erreichbar ist, wenn alles Neue abgewehrt und die natürliche Reifung stillgelegt wird.

Die Entwicklungsimpulse gehen gewöhnlich vom psychisch Bösen aus. Das beleuchtet die folgende Imagination eines

Studenten: Ein Fluß war versiegt, und er suchte nach der Ursache. Dabei fand er einen Teufel, der das Wasser abgesperrt hatte. Als er ihn nach dem Grund fragte, sagte der Teufel, es sei seine Aufgabe, für Unruhe auf der Erde zu sorgen, damit die Menschen nicht träge würden und einschliefen. – Dieser Teufel illustriert die wichtigste Funktion des psychisch Bösen. Es hält die Psyche in Bewegung und veranlaßt das Ich zum aktiven Eingreifen. Doch wenn das Bewußtsein sich abwendet und den Teufel nicht sehen will, dann versiegt das Wasser, das hier die natürliche Nahrung des Lebendigen symbolisiert.

Was vielen Menschen als das psychisch Böse erscheint, ist in Wirklichkeit das Unbewußte überhaupt. Die unbewußte Psyche ist ein dynamisches System, in dem Energiespannungen nach uns unbekannten Regeln auf- und abgebaut werden. Wenn das Bewußtsein die Inhalte dieses Systems wahrnimmt, so wertet es sie als gut oder böse. Das ist jedoch ein subjektives Urteil des bewußten Ich und nicht unbedingt eine objektive Eigenschaft der beobachteten Inhalte. Aus diesem Grund wandeln die Bilder in der Imagination ihre Qualität, wenn das Ich seine Einstellung ändert. Was bei der ersten Begegnung äußerst negativ erscheint, kann sich bei näherer Bekanntschaft als ebenso positiv erweisen.

Das psychisch Böse wird bei genauer Betrachtung zu einem wesentlichen Teil als Energie erkennbar, die mit dem natürlichen Instinkt verbunden ist. Als ein Stück Natur will es angenommen werden, einfach, weil es existiert. Auf jeden Fall ist es psychisches Nicht-Ich, und moralische Begriffe sind darauf nicht anwendbar.

Vom Bösen in der Natur

Vielleicht ist es nützlich, das Böse in der uns real umgebenden Natur in die Betrachtung einzubeziehen. Auch die Natur ist ein komplexes System, das sich selbst organisiert, und sie zeigt ähnliche Strukturen wie die Psyche* in ihrer Gesamtheit.

Seit jeher wurden die Raubtiere von den Menschen als böse erlebt, und zwar mit einem deutlich moralischen Akzent. Der Name «Raub»-Tier sagt das mit aller Klarheit. Heute beginnen wir die gesamte Tier- und Pflanzenwelt als eine Einheit zu sehen, in der jede Spezies eine bestimmte Aufgabe erfüllt. Es gibt Biologen, die nun umgekehrt versuchen, den Begriff des Bösen ganz aus der Betrachtungsweise zu eliminieren. Der Vorschlag, das Wort «Raubtier» durch «Beutegreifer» zu ersetzen, scheint mir in diese Richtung zu deuten. Wer schon einmal in einem Film gesehen hat, wie eine Löwin ihre Beute langsam erwürgt – und wer kennt dieses Bild im Zeitalter des Fernsehens nicht? –, dessen Gefühl hat sich sicher gegen die Grausamkeit dieses Vorgangs empört. Natürlich ist die Löwin subjektiv nicht böse, und schon gar nicht in einem moralischen Sinne. Sie hat einfach Hunger und stillt ihn auf eine Weise, die ihr Instinkt* ihr eingibt. Für den menschlichen Beobachter jedoch ist der ganze Vorgang eindeutig böse, und die Löwin ist es auch. Trotzdem muß das Ganze akzeptiert werden als eine natürliche Notwendigkeit.

Auch der Mensch ist ein Raubtier, und er begann seine irdische Laufbahn wahrscheinlich als Jäger. Schon früh wurde ihm auch bewußt, daß Töten eine böse Handlung ist, und manche primitiven Völker kannten Sühne-Riten. Sie hatten den Sinn, das durch den Tötungsakt gestörte Gleichgewicht der Natur wieder herzustellen. Nicht von ungefähr heißt das

Gebot in der Bibel: «Du sollst nicht töten», ohne Unterscheidung nach Motiven und Zwecken.
Was beim Löwen ein instinktgesteuerter autonomer* Ablauf im Unbewußten* ist, wird beim Menschen zur bewußt erlebten Handlung, für die er Verantwortung trägt. In unserem heutigen zivilisierten Dasein wird diese Verantwortlichkeit allerdings kaum mehr spürbar. Wir kaufen das Fleisch im Laden und wissen gar nicht, von wem und auf welche Weise die Tiere getötet werden, von denen es stammt. Wir erleben uns nicht mehr als die Raubtiere, die wir nach wie vor auch sind. Das unterstützt unser Bestreben, das Vorhandensein des Bösen in und um uns zu ignorieren – in der Natur ebenso wie in der Psyche.

Vom Bösen in der Evolution des Bewußtseins

Wie mir scheint, ist die Frage der Einordnung des Bösen nicht nur ein individuelles Problem einzelner Neurotiker*, sondern auch ein generelles Problem unserer gegenwärtigen Entwicklungsstufe. Aus dieser Perspektive kann man die neurotisch reagierenden Individuen als Seismographen ansehen, die eine allgemein bestehende Schwierigkeit in besonders akzentuierter Form deutlich machen.

Die Evolution des menschlichen Bewußtseins ist auf der ganzen Erde durch die Religionen dargestellt und in Gang gehalten worden (s. Erich Neumann: Entwicklungsgeschichte des Bewußtseins). Unsere westliche Kultur ist durch das Christentum geprägt, und in dieser Religion sind die Gegensätze besonders stark betont. Das Gegensatzpaar Gut und Böse spielt dabei eine zentrale Rolle. Im Paradiesbericht der Bibel sagt die Schlange zu Adam und Eva: «Ihr werdet sein wie Gott und wissen, was gut und böse ist.» Psychologisch bedeutet das den Sprung vom unbewußten zum bewußten Lebewesen. Bewußtsein wird hier als eine göttliche Eigenschaft bezeichnet. Zugleich aber ist in der Bibel das, was psychologisch gesehen den Erwerb des Bewußtseins ausmacht, mit einer Schuld verbunden und wird mit dem Verlust des Paradieses bestraft.

Vom Alten zum Neuen Testament erfolgt ein deutlicher Wandel des Gottesbildes. Der ursprüngliche Gott Jahwe ist launenhaft und unberechenbar. Er verbündet sich mit Satan gegen Hiob, das heißt, Gut und Böse sind auf der Ebene des Göttlichen noch nicht voneinander getrennt. Später erscheint Christus als der ausschließlich gute Aspekt des Göttlichen, dem der Teufel als das personifizierte Böse gegenübersteht. Im Bericht über das Zusammentreffen beider in der Wüste

erscheinen sie als klare Antagonisten, zwischen denen keine Gemeinsamkeit mehr möglich ist.
Daß der Teufel aus einer altbekannten Unterweltsgottheit hervorgegangen ist, ergibt sich aus der Offenbarung des Johannes, in der es heißt: «Er (der Engel) griff den Drachen, die alte Schlange, welche ist der Teufel und Satan, und band ihn 1000 Jahre und warf ihn in den Abgrund und verschloß ihn und versiegelte obendarauf...» (Offb. 20,2f.). Drache oder Schlange sind uralte weltweit verbreitete Unterweltdämonen; sie personifizieren unter anderem die verschlingende Eigenschaft des Meeres. – In ganz alten Mythen ist die Urschlange schöpferisch; sie erschafft die Welt. Das entspricht einer menschlichen Entwicklungsstufe, in der es noch keine Gegensätze gibt. Später trennt sich eine himmlische Gottheit von ihr ab, und sie selbst zieht sich in die Unterwelt zurück. Diese Unterwelt kann das Totenreich sein, und ihr göttlicher oder dämonischer Beherrscher ist für den Menschen gefährlich, aber er ist nicht an sich böse. Nur im Christentum wird die Unterwelt zur Hölle und die zugehörige Gottheit zum Teufel.
Da die Unterwelt psychologisch gesehen dem Unbewußten* entspricht – im Gegensatz zur oberen Welt, die mit dem Bewußtsein assoziiert ist –, erhält das Unbewußte für das Christentum eine extrem negative Qualität. Das führte zu einer Identifikation des Menschen mit dem Bewußtsein und einer heftigen Abwehr des Unbewußten.
Tatsächlich hat, wie mir scheint, die extreme Polarisierung von Gut und Böse durch das Christentum im Laufe von zwei Jahrtausenden die Entwicklung eines autonomen und selbstverantwortlichen Ich* gefördert und den Individualismus hervorgebracht, der für den heutigen westlichen Menschen kennzeichnend ist. Ohne die scharfe Trennung der Bewußtseinsseite vom Unbewußten wäre das vermutlich nicht möglich gewesen. – Inzwischen ist die Trennungslinie allerdings so massiv geworden, daß wir Gefahr laufen, uns vom Ur-

grund des Lebens und damit von den Quellen aller psychischen Energie abzuschneiden.
Ein Blick auf die älteren östlichen Hochkulturen zeigt, daß dort ganz andere Auffassungen vorherrschen. Eine in Indien verbreitete religiös-philosophische Weltsicht bezweifelt den Realitätscharakter der äußeren Welt und sieht das eigentliche Sein in der Innenwelt lokalisiert. Dementsprechend entsteht ein «höheres Bewußtsein» durch Versenkung nach innen. Das macht es schwierig, unsere Begriffe «bewußt» und «unbewußt» auf die östliche Kultur anzuwenden. Doch darf man wohl feststellen, daß sich zwei Betrachtungsweisen gegenüberstehen, die durch eine entgegengesetzte Perspektive entstanden sind.
Die westliche Anschauung sieht von außen nach innen. Die Außenwelt ist ihr bewußt, die Innenwelt unbewußt, und beide Bezirke sind scharf voneinander getrennt. Der Osten sieht von innen nach außen. Deshalb ist ihm die Innenwelt mehr und die Außenwelt weniger klar bewußt als uns, und die Trennungslinie ist unscharf.
Auch die Beurteilung der Gegensätze ist unterschiedlich. Was für den Westen über Jahrhunderte unvereinbare Antinomien waren, sind für den Osten willkürlich auseinandergerissene Teile eines Ganzen. Er betont die Zusammengehörigkeit der Gegensatzpaare, wir betonen die Verschiedenheit der Teile. Dem entspricht die psychologische Einsicht, daß Gegensätze im Unbewußten eine Einheit bilden und erst erkennbar werden, wenn das Bewußtsein sie trennt.
Eine nochmals andere Betrachtungsweise findet sich im chinesischen Taoismus. Für ihn ist alles, im kosmischen wie im menschlichen Bereich, durch das Zusammenwirken von Yin und Yang bestimmt. Diese Begriffe bezeichnen entgegengesetzt gerichtete, aber gleichwertige Kräfte, deren relative Stärke sich ständig ändert, und zwar in einem rhythmischen Wechsel. Dadurch kommt ein dynamischer Ablauf zustande.

Zur Evolution der menschlichen Psyche* gehört auch ein Prozeß, den ich als Konzentration und Verinnerlichung des Psychischen bezeichnen möchte. In der animistischen Entwicklungsphase war die ganze Umwelt des Menschen von Geistern belebt. Jeder Baum hatte seinen eigenen Geist, jede Quelle, jeder See, jeder Berg hatte eine Seele, die manchmal sichtbar wurde und die imstande war, in positiver oder negativer Weise auf den Menschen einzuwirken. – Wenn ein heutiger Mensch so erleben würde, müßten wir sagen, er projiziere* Teile seiner eigenen Psyche nach außen. Damals war es vermutlich keine Projektion, sondern die Seele war wirklich ausgebreitet und konzentrierte sich erst allmählich um den Mittelpunkt, den wir als «Ich» erleben.

Diesen Prozeß kann man an der Wandlung der Religionen ablesen: Die ursprüngliche Vielzahl der Götter schrumpft immer mehr zusammen, und am Ende bleibt ein einziger Gott übrig, der alles Göttliche in sich vereinigt. Zugleich wandert der Sitz der Götter in immer größere Fernen. Von der unmittelbaren Umgebung auf einen hohen Berg und schließlich in den «Himmel», modern gesprochen in die Weite des Weltalls. Parallel damit wird die Natur zunehmend lebloser, bis am Ende nur tote Materie übrig bleibt.

Das bedeutet eine Polarisierung. Ein Teil des Psychischen ist nach innen gewandert und hat das menschliche Ich verstärkt, ein anderer Teil wurde zum unerreichbar fernen Gott. – Nur die Mystiker haben es gewagt, das Göttliche ganz nach innen zu nehmen. Psychologisch ist das sinnvoll.

Schlußwort

Heute stellt sich die psychische Situation anders dar als vor 2000 Jahren – jedenfalls in unserem Kulturkreis. Das bewußte Ich hat sich so weit stabilisiert, daß es kaum mehr in Gefahr ist, vom Unbewußten überrannt und aufgesaugt zu werden. Die Sperre könnte gelockert werden, wie das beispielsweise in der aktiven Imagination möglich ist. Wenn das in größerem Umfang geschähe, so würde sich herausstellen, daß in der Tiefe der unbewußten Psyche ungeahnte schöpferische Möglichkeiten verborgen liegen.
Um sie zu heben, muß das Ich allerdings seine Einstellung ändern. Vor allem muß es lernen, daß Gut und Böse zwei Pole sind, die sich gegenseitig bedingen und die sich komplementär zueinander verhalten. Für andere Gegensätze gilt prinzipiell das gleiche. Die aus den östlichen Kulturen übermittelten Auffassungen könnten uns dabei hilfreich sein. Allerdings ist es sicher nicht richtig, die dort entwickelten Praktiken direkt zu übernehmen. Wir müssen unsere eigenen Erfahrungen machen, die unserer inneren Struktur angemessen sind. Die Kenntnis der östlichen Philosophie könnte uns jedoch helfen, diese Erfahrungen zu verstehen.
Das körperliche Leben ist nicht möglich ohne den Tod. Für unser Gefühl aber ist der Tod böse. Die Art, wie sich die Vielfalt des Lebens auf der Erde im Gleichgewicht hält, ist von kaum zu überbietender Grausamkeit. Verhungern oder gefressen werden reguliert die Zahl der Individuen jeder Tierart. Wenn die Biologen heute von einer «Nahrungskette» sprechen, so ist das eine Beschönigung der Realität, die mir psychologisch fragwürdig erscheint. Dahinter steckt die Auffassung, was natürlich ist, könne nicht böse sein. Mir scheint es sinnvoller, der Tatsache ins Auge zu sehen, daß das

Böse notwendig zur Natur und zum Leben gehört. Wenn wir das annehmen, wird es uns auch leichter fallen, zu akzeptieren, daß es ebenso zur Psyche gehört. Denn letztlich ist es die Psyche, die das Leben reguliert.
Der Versuch, das Böse zu eliminieren, ist nur sinnvoll in bezug auf das moralisch Böse. Denn nur diese Seite ist dem direkten Eingriff des Bewußtseins zugänglich. – Der Zustand des menschlichen Zusammenlebens auf dieser Erde zeigt deutlich, wie notwendig und wie schwierig das ist. Aber auch hier ist ein Fortschritt nur möglich, wenn wir aufhören, das (eigene) Böse stets auf die anderen zu projizieren. Die Voraussetzung dafür ist aber, daß wir es in uns selbst erkennen. Womit sich der Kreis schließt und wir wieder beim psychisch Bösen angelangt sind. Nur wenn jeder einzelne begreift, daß das Böse in seiner eigenen Psyche lebt, und wenn er lernt, es dort zu akzeptieren, kann das moralisch Böse in der Außenwelt mit einiger Aussicht auf Erfolg bekämpft werden.

Glossar

Affekt: Meist Bezeichnung für die groben Gefühle: Wut, Angst, Haß. Wird auch als Sammelbegriff für den gesamten Gefühlsbereich gebraucht.

Anima: lateinisch: Seele. Wird von C. G. Jung als Bezeichnung für alle Personifizierungen der weiblichen Anteile in der Psyche des Mannes gebraucht.

Animus: lateinisch: Geist. Bezeichnet nach Jung alle personifizierten männlichen Anteile in der Psyche der Frau.

Archetyp: Urbild. In der unbewußten Psyche vorhandene Strukturen, die allen Menschen gemeinsam sind. Sie werden vom Bewußtsein in Träumen oder Imaginationen als Bild wahrgenommen. Weitgehend identisch mit dem biologischen Begriff «Instinkt».

Autonomie psychischer Kräfte: Selbständig wirkende Kräfte, die vom Bewußtsein und vom Willen unabhängig sind.

Ich: Im Wesentlichen identisch mit dem Bewußtseinsumfang. Die Grenze zum Unbewußten ist unscharf.

Identität (Identitätsfindung): Abgrenzung des Ich gegen das Unbewußte einerseits und gegen reale Beziehungspersonen andererseits. Die Entwicklung eines deutlichen Gefühls für einen konstanten Faktor, der als Ich erlebt wird.

Imagination: Wahrnehmung innerer Bilder – wie Traumbilder – im Wachzustand. Sie unterscheidet sich von einer Phantasie durch die Selbständigkeit der auftretenden Figuren, deren Handlungen vom Ich nicht gelenkt werden können.
Von *aktiver Imagination* (C. G. Jung) spricht man, wenn das Ich die Bilder nicht nur *passiv* anschaut, sondern sich als handelnde Person innerhalb der imaginierten Szene erlebt.

Instinkt: Steuerung des Verhaltens durch das Unbewußte. Beim Tier ist jede lebenswichtige Handlung instinktgesteuert. Beim Menschen wird der

Instinkt als Trieb, Drang, Bedürfnis oder Wunsch spürbar. Die bewußte Wahrnehmung der instinktiven Regung und die freie Verfügbarkeit von Willensenergie eröffnen eine Wahlmöglichkeit. Der Mensch kann dem Instinkt folgen oder ihn unterdrücken.

Inzest: Sexuelle Vereinigung zwischen Eltern und Kindern oder zwischen Geschwistern. Ist in allen Kulturen mit strengen Verboten belegt und nur den Göttern gestattet. Symbolisch bedeutet der Inzest eine Vereinigung von Gegensätzen. Entsprechende Bilder können positive oder negative Bedeutung haben, je nach dem Entwicklungsstand des betroffenen Ich.

Kollektiv-Psyche: siehe Psyche und kollektives Unbewußtes.

Kollektives Unbewußtes: siehe Unbewußtes.

Komplex: Struktur-Element der Psyche (nach C. G. Jung). Eine unbekannt große Zahl von Komplexen bildet die Gesamtheit der menschlichen Psyche. Auch das Ich kann als Komplex aufgefaßt werden. Jeder Komplex setzt sich aus gegensätzlichen Elementen zusammen, die in Träumen oder Imaginationen in personifizierter Form auftreten. Sie erscheinen dem Bewußtsein als Menschen oder Tiere, als gut oder böse. Auch die Archetypen gehören zum Inhalt der Komplexe.
Normalerweise sind alle Komplexe untereinander und mit dem Ich verbunden. Das Ich hat jedoch die Möglichkeit, solche Verbindungen zu unterbrechen. Dadurch entsteht ein sogenannter *abgespaltener* oder verdrängter Komplex.

Neurose: Sammelbezeichnung für psychische Störungen, die durch abgespaltene Komplexe verursacht werden.

Projektion: Inhalte des eigenen Unbewußten werden als äußere Realität erlebt. Ein normaler Vorgang, dem jeder Mensch unterworfen ist. Je bewußter ein Mensch ist, um so weniger projiziert er und umgekehrt.

Psyche (Seele): Die Gesamtheit aller nicht materiellen inneren Vorgänge.

Psychose: Schwere psychische Krankheit, z. B. Schizophrenie.

Regression: Zurückfallen auf eine frühere, meist kindliche Entwicklungsstufe oder Verhaltensweise. Im Rahmen einer Psychotherapie ein unvermeidlicher Vorgang, da nur auf diesem Wege früh erworbene Störungen korrigiert werden können.

Schatten: Von C.G. Jung eingeführte Bezeichnung für Persönlichkeitsanteile, die in Träumen oder Imaginationen als menschliche Wesen auftreten und das gleiche Geschlecht haben wie das Ich. Was sie repräsentieren, ist noch unbewußt, aber bewußtseinsfähig.
Häufig haben die Schattenfiguren *negativen* Charakter. Dann bezeichnen sie etwas, was man bei sich selbst nicht wahrhaben will. Wenn sie *positiv* sind, bezeichnen sie vorhandene Fähigkeiten, die noch nicht realisiert worden sind.

Seele: siehe Psyche.

Seelenanteil: siehe Komplex und Psyche.

Selbst: Von C.G. Jung eingeführte Bezeichnung für das unerkennbare Zentrum der Gesamtpsyche. Es erscheint nur in symbolischer Form, entweder als abstraktes Ganzheitssymbol (Mandala, Stein der Weisen usw.) oder als Bild mit religiösem Inhalt.
In psychoanalytischer Literatur (Freud'sche Richtung) wird das Wort «Selbst» in anderer Bedeutung gebraucht: als ein erweiterter Ich-Begriff.

Subjektstufe: Der Gegenbegriff ist die «Objektstufe». Beide zusammen bezeichnen zwei Möglichkeiten der Traumdeutung. Zum Beispiel: Wenn jemand von einer Person träumt, die es wirklich gibt und die er kennt, so kann man annehmen, daß diese reale Person auch wirklich gemeint ist. Das ist die Betrachtung des Traumes auf der Objektstufe.
Wenn man den gleichen Traum auf der Subjektstufe anschaut, so bedeutet die Person einen Teil der Psyche des Träumers, der eine gewisse Ähnlichkeit mit dem realen Menschen hat. Der Traum hat die reale Person nur ausgewählt, um das zu charakterisieren, was er im Träumer ansprechen will.
Bei einem Märchen bedeutet die Betrachtung auf der Subjektstufe, daß alle vorkommenden Figuren als Teile einer menschlichen Psyche angesehen werden.

Unbewußtes: Alles Psychische, das vom Bewußtsein unabhängig ist.
– *persönliches* Unbewußtes: Die individuelle Seite der Psyche. Sigmund Freud hat sich in seiner Forschungsarbeit bewußt auf diesen Teil der Psyche beschränkt.
– *kollektives* Unbewußtes: Von C.G. Jung aufgestellte Hypothese, wonach ein Teil der Psyche allen Menschen gemeinsam ist und alle miteinander verbindet (Kollektiv-Psyche). Jung hat eine Fülle von Belegen gesammelt, die für seine Theorie sprechen.

Verdrängung: Etwas aus dem Bewußtsein entfernen. Absichtliches Vergessen eines Vorgangs, der einmal bewußt war, den das Ich jedoch «ausradieren» möchte. Das Vergessen gelingt, doch der Vorgang bleibt im Unbewußten erhalten und macht sich auf unerwartete Weise bemerkbar, z.B. in einem Symptom (siehe Komplex).
Die Verdrängung bezieht sich nur selten auf reale Erlebnisse – meist auf Gefühle gegenüber den nächsten Beziehungspersonen oder auf Phantasievorstellungen.